Gestão De Negócios: MBA Na Prática

Como organizar sua empresa em 100 dias

Claudio Pires

This book is for sale at
http://leanpub.com/gestaodenegociosmbanapratica

Essa versão foi publicada em 2023-06-10

Leanpub

"Sol, girassol, verde, vento solar. Você ainda quer morar comigo? Vento solar e estrelas do mar. Um girassol da cor de seu cabelo. Ainda gosto de dançar, bom dia! Como vai você?" – Lô Borges

"Promete que não vai crescer distante. Promete que vai ser pra sempre assim. Promete esse sorriso radiante. Todas as vezes que você pensar em mim. Promete cuidar bem dos seus cachinhos. E sempre me abraçar quando eu chegar. Promete sorrir sempre com os olhinhos. E cantar cantigas na sala de estar" – Ana Vilela

Contents

CONTENTS

MISSÃO

Escrevo sobre tudo aquilo que gostaria que já tivessem escrito e que eu também senti falta de ler. Me comunico somente sobre o que eu já vivi, experimentei, aprendi, errei e precisei organizar em minha cabeça, para uma melhor atuação profissional. Escrevo e comunico com teoria e prática, equilibrando o simples e o complexo, para um melhor mundo de negócios. Que meus livros também promovam sua carreira, seu emprego, seu time, seu setor de trabalho e sua empresa.

VISÃO

Busco estabelecer uma carreira conjunta de autor, instrutor, consultor e gestor, através de amplo conteúdo próprio, reconhecida atuação inovadora, contínuas soluções criativas e uma real entrega de valor àqueles que me reservam seu tempo e sua atenção; seguindo, todos nós, por uma trajetória executiva de liderança, reputação e melhores resultados de negócio...em renovada parceria e confiança.

NA PRÁTICA

Faça! Vão te criticar de qualquer jeito... (risos) O mundo já tem pessoas demais buscando lucro; o mundo precisa de mais pessoas buscando qualidade. Naquilo que você faz, faça o melhor que puder. E faça todos os dias. Tenha consciência do que você representa. Busque a verdade que une a teoria e a prática. Adie seu reconhecimento. Confie no percurso. Comunique-se, sempre, tal como a um amigo. Entenda suas dores, mas deixe-as no passado. Domine suas palavras e estimule suas ações. Leia e releia. Faça e refaça. Repita muitas vezes! Então, aprenda com o que você fez: sinta-se, justificadamente, orgulhoso. Aproveite para revisar, mais uma vez, seu processo. Concentre-se no que você está fazendo de novo, agora. Preste atenção! Ordene suas ideias. Avance com calma, mas avance sempre. Continue, assim, por 1 mês, 1 ano, 10 anos, 1 vida. Transforme suas cicatrizes em um uso criativo. Saiba por que você faz. Faça o que tem que ser feito; quando tem que ser feito. Faça um pouco mais e não pare. Ferva sua cabeça! (risos) Escreva a primeira frase e acredite. Escreva a maior quantidade de frases possível. Siga a corrente da escrita. A competição é interna, com nós mesmos. Elabore sua técnica; estude o que precisa. Nada mais! Saiba quando ir direto ao ponto e quando introduzir um novo conceito. Seja ágil, mas não seja precipitado. Confie na memória e na inteligência de sua trajetória. Siga o caminho que cuida melhor de você. Transforme resistências em colaborações. Quando tudo der errado, ainda poderá recorrer à arte (sempre teremos as canções de Paul McCartney)... Desafie limites, seja gentil e reúna parceiros. Trabalhe não para se tornar o melhor profissional, mas para ser uma pessoa melhor; a sua melhor versão! Desenvolva seu trabalho até o estado da arte, profundamente. Receba críticas exatamente como recebe elogios. Se você sabe fazer, você vai demonstrar a sua experiência. Exclua os comportamentos desnecessários. Mostre o seu toque pessoal. Trabalhe sem medo. Reconheça novas verdades quando as ouvir. Continue. Quando você for além, continue mais um pouco. Não pare de mudar. Aceite as imperfeições das versões preliminares. Entregue, sem se preocupar em receber de volta. Mas receba com gratidão! Não se incomode tanto com aqueles que não querem ser ajudados. Leia aqueles que já escreveram antes de você. Encoraje aqueles que virão em seguida. Saia da "caixinha", da forma limitante. Desperte, você está pronto: esqueça todas as regras e improvise. Esqueça todas as regras e improvise!

"SMALL TALK"

" Olá! De novo, somos você e eu... Como sempre costumava ser: bebendo vinho, passando o tempo, tentando resolver os mistérios da vida. Como vai a sua vida? Já faz algum tempo... Meu Deus, como é bom te ver sorrindo!"–Bon Jovi, " (You Want To) Make A Memory"

Não basta ser pontual, no exato horário da reunião: muito, do que sempre vem a seguir, costuma ser preparado (ou facilitado) cinco a dez minutos antes, por aqueles que estão lá em mínima antecipação do agendamento oficial.

Assim, o termo *"small talk"* é comumente utilizado para designar essa breve conversa, informal, que não cobre, diretamente, nenhum dos tópicos previstos.

Parece até ser de pouca importância, mas não se engane: ela é um ritual natural para uma melhor aproximação entre as pessoas, nos negócios e na vida.

Exatamente como segue proposto esse capítulo aqui, de **introdução**: em um respeitoso e simpático encontro, ligeira e estrategicamente posicionado! ;-)

A Papelaria Casa Encantada

Minha esposa abriu uma papelaria!

Em 2022. Começando do zero. Papelaria Casa Encantada[1].

Uma **micro empresa**. **Online**.

E eu vi meus livros de negócio ainda sem utilidade para ela...

---

[1] http://www.papelariacasaencantada.com.br/

"Gestão Por Processos" ou "Gestão Por Objetivos" seriam livros mais interessantes e apropriados para o uso a partir de uma **pequena empresa**.

A indicação natural seria a edição anterior desse "Gestão de Negócios", mas ele também estava preso à pequena ou **média empresa** e, para piorar, muito focado no cargo do CEO[2].

Conheçam, assim, agora, um forte motivador dessa versão de 2023, muito além de uma simples revisão de nova edição: repensar e reescrever o livro sobre "**como organizar sua empresa em 100 dias**", aplicável a qualquer tamanho; **micro, pequena, média ou grande empresa**!

Além disso, compreender que o novo cenário de atuação profissional, não mais requer o diário trabalho presencial, em colaboração física dos funcionários ou reuniões em um mesmo endereço com parceiros de negócio: o "**online**" é bem disruptivo e está plenamente consolidado na globalização do mundo moderno.

Quanto mais eu escrevo, mais eu observo. Quanto mais eu me comunico, mais eu aprendo. Seguiremos adiante e assim, juntos, num ciclo de mútua prosperidade!

CPBiz Escola de Negócios

Quantas canções já nos falaram de dar tempo ao tempo? De não tentar acelerar aquilo que corre por si só? Que o destino nos leva por caminhos surpreendentes?

Relembro que meu primeiro livro publicado surgiu em consequência da ideia original de um livreto de menos de 50 páginas, em 2017, como uma peça de marketing endereçada aos principais clientes e buscando agregar valor gerencial à marca da empresa.

---

[2]https://pt.wikipedia.org/wiki/Diretor_executivo

Na época, algumas inovações sofriam resistências internas à implementação e decidi colocar tais iniciativas à prova do mercado, apresentando-as à opinião pública especializada e sem qualquer filtro imposto pela estrutura hierárquica.

Deu certo! ;-)

Hoje, estamos aqui, com alguns poucos livros publicados, mas com resultados que nos permitem vislumbrar todo um novo modelo de negócio, sustentável e prazeroso: a partir de uma coleção de material didático próprio, formar redes de leitores, alunos e empresas!

Posso escrever livros, traduzir livros, gravar aulas, preparar profissionais, orientar empresas, palestrar no país, viajar o mundo e gerir negócios.

Então, uma segunda motivação à reescrita desse livro, bem semelhante à primeira, da Papelaria Casa Encantada: do zero e iniciando online, como organizar a nova **CPBiz** em 100 dias, preparando evoluções entre micro, pequena, média e grande empresa.

Sua participação, nessa **comunidade** ("comum unidade"), sempre será muito bem-vinda!

Fonte Medicina Diagnóstica

Desde 2012, atuo, em tempo integral, como CEO do Fonte Medicina Diagnóstica[3], laboratório especializado de patologia oncológica, molecular e cirúrgica, reconhecido por sua posição de liderança e reputação no diagnóstico oncológico nacional.

O Fonte Medicina Diagnóstica, em clara atenção à sua cultura por processos, ciência a serviço da saúde e verdadeiro respeito pela vida, é o laboratório de anatomia patológica mais acreditado de todo o estado do Rio de Janeiro, em qualidade comprovada

---

[3]https://fontemd.com/

por um conjunto de **selos de gestão com excelência**: da ONA (Organização Nacional de Acreditação[4]), da Sociedade Brasileira de Patologia (PACQ-SBP) e ISO 9001 (ABNT)...ano após ano, desde 2016.

Nosso compromisso, de seguir trabalhando muito pelos princípios de respeito por todos indivíduos e respeito por suas ideias de melhoria, certamente, está refletido nesse texto e evidencia mais um exemplo real da transformação executiva de empresas de diferentes portes: **micro, pequena, média ou grande empresa!**

Um MBA Pessoal

Da tradução literal da sigla MBA, temos "Mestre em Administração de Empresas" (do inglês, "*Master of Business Administration*"): um título de pós-graduação, da especialização prática de profissionais e diferente da proposta acadêmica dos programas de mestrado.

No Brasil, acabou se estendendo muito além de suas áreas originais, da gestão de empresas e gestão de projetos, e se firmou como uma continuidade quase obrigatória do nível superior, pelo notado abismo a percorrer entre universidades e empresas (próximo livro; risos).

Mas como um MBA contribui para a prática das empresas?

E por que uma empresa não poderia incorporar a própria prática de um MBA?

Humm, me disseram que uma empresa é formada por pessoas...

Seguindo nesse raciocínio lógico, a solução sempre estará no indivíduo que carrega seu próprio MBA: um **MBA Pessoal!** ;-)

Senão, observe uma demonstração mais detalhada, abaixo: a matriz curricular típica de qualquer MBA.

---

[4]https://pt.wikipedia.org/wiki/Organiza%C3%A7%C3%A3o_Nacional_de_Acredita%C3%A7%C3%A3o

- Visão Sistêmica do Setor de Atuação

- Gestão Estratégica

- Operações e Gestão da Qualidade no Setor de Atuação

- Inovação e Empreendedorismo

- Incorporação de Novas Tecnologias

- Finanças

- Marketing e Relacionamento com Clientes

- Gestão de Pessoas

- Sistemas de Gestão

- Atividades Vivenciais

- Habilidades Interpessoais

- Trabalho de Conclusão do Curso

Seriamente, acredito que o primeiro exercício, da primeira aula, de qualquer MBA, deveria ser: "identifique, em sua empresa, atividades em andamento que garantam os respectivos aprendizados, das disciplinas que compõe nossa grade de estudos".

Uma dinâmica mágica, enriquecedora, para "abrir a mente"; mas que encerraria a necessidade da matrícula de alguns alunos... (risos)

Aproveite, então, para realizá-la agora: estabeleça, você, tais correlações, entre conceitos e execuções; do que quer aprender na teoria e do que já está disponível para colaborar na prática, em seu ambiente de trabalho e nesse livro!

Imediatamente, alguns exemplos serão fáceis associações; outros, poderão vir com mais atenção e iniciativa.

O que procuro resgatar é que, quanto mais as pessoas se envolvem com a empresa, objetivamente mais praticam lições de um MBA especializado: porque as oportunidades existem e são reais!

Todo negócio tem seu material interno para um MBA; e todo profissional é seu próprio MBA, em capacidade e maturidade.

Daí, nos próximos capítulos, "deguste" cada parágrafo, pois cada parágrafo conta (em uma redação "na prática", escrita "direto ao ponto").

Que esse livro lhe sirva como uma referência de longo prazo, no conhecimento prático para um melhor mundo de negócios, em companhia por toda sua trajetória de crescimento!

Assim, quando lhe perguntarem: "pronto para o trabalho?", pense em "se não eu, quem?" e responda um assertivo "sim!". ;-)

Da Organização do Livro

Respeitando a proposta original, serão 100 dias úteis de trabalho, um capítulo a executar por semana, ao longo de 5 meses de implementação: "como organizar sua empresa em 100 dias"; em uma grata diversão e um recompensador desafio, para quem lê e para quem escreve!

MÊS 1 "LIDERANÇA"

• Semana 1: Gestão dos Riscos

• Semana 2: Modelo de Negócio

• Semana 3: Objetivos Estratégicos

• Semana 4: Equipes de Trabalho

MÊS 2 "GESTÃO DA QUALIDADE"

• Semana 5: Gestão de Cerimônias

• Semana 6: Gestão Por Processos

• Semana 7: Gestão de Documentos

• Semana 8: Gestão de Resultados

MÊS 3 "GESTÃO FINANCEIRA"

- Semana 9: Gestão das Receitas
- Semana 10: Gestão dos Custos
- Semana 11: Contabilidade Executiva
- Semana 12: Gestão do Relacionamento

MÊS 4 "GESTÃO ADMINISTRATIVA"

- Semana 13: Gestão da Regularidade
- Semana 14: Gestão de Pessoas
- Semana 15: Gestão da Comunicação
- Semana 16: Gestão da Manutenção

MÊS 5 "GESTÃO INTEGRADA"

- Semana 17: Melhoria Contínua
- Semana 18: Plano de Treinamento
- Semana 19: Expansão de Negócios
- Semana 20: Gestão da Inovação

Além disso, em acréscimo da nova edição reformulada, teremos, em cada capítulo, algumas seções fixas, de debates padronizados e garantidos, abaixo.

- **"Micro, Pequena, Média, Grande ou Online"**
- **"Quem eu era antes desse capítulo?"**
- **"O Processo Mapeado"**

Ao final, teremos formado uma base muito sólida, um firme alicerce para próximas arquiteturas, sustentando qualquer tipo e tamanho de negócio; com as premissas (requisitos fortes) de uma leitura fluida, recheada de comentários pessoais de minha experiência já testada.

Um real **MBA Na Prática**, conforme antecipado e conforme queremos demonstrar, não?

- Visão Sistêmica do Setor de Atuação
- Gestão Estratégica
- Operações e Gestão da Qualidade no Setor de Atuação
- Inovação e Empreendedorismo
- Incorporação de Novas Tecnologias
- Finanças
- Marketing e Relacionamento com Clientes
- Gestão de Pessoas
- Sistemas de Gestão
- Atividades Vivenciais
- Habilidades Interpessoais
- Trabalho de Conclusão do Curso

Ah, para o "**Trabalho de Conclusão do Curso**" serão aceitos seus valiosos **comentários**, em retorno! ;-)

Seja muito bem-vindo e boa leitura!

MÊS 1 "LIDERANÇA"

- Semana 1: Gestão dos Riscos
- Semana 2: Modelo de Negócio
- Semana 3: Objetivos Estratégicos
- Semana 4: Equipes de Trabalho

Aceite: todos os "holofotes" já estão mirados para você, à sua espera.

Afinal, você sugeriu "organizar a empresa em 100 dias"! ;-)

Então, não hesite: apenas chegue com **serenidade**, com a energia calma e assertiva, sem tanta ansiedade.

Sim, você sabe que é capaz! Você sabe que é possível!

E, já no primeiro mês, você começará a apontar os caminhos, a comunicar as novas diretrizes, a organizar todos sob seu comando, para uma necessária e verdadeira transformação executiva.

É esperado que você seja a "**Voz do Capitão**": uma voz de comando; que pode se manter gentil e não violenta, sempre sendo percebida como a comunicação da liderança.

Na frase do navegador Amyr Klink[1], "um rumo e uma direção fazem a diferença em qualquer situação".

Por isso, não se iluda: você já deverá mostrar, com prontidão, alguns novos resultados, executivos e operacionais, mesmo que preliminares.

É previsível que a incerteza esteja alta e que há de ser estabelecida, o quanto antes, uma relação de verdadeira confiança.

---

[1]http://a.co/d/ha2jEPd

Os avanços dos próximos capítulos desse livro lhe ajudarão, em desejada simulação, suave, dessa linha do tempo que requer clara habilidade e negociações.

No primeiro mês, trataremos da liderança: sobre **riscos**, **negócio**, **estratégia** e **equipes**.

Semana 1: Gestão dos Riscos

"Quando você está à beira de um precipício, você não olha para baixo, até que esteja preparado e pronto para voar. Agora, eu estou um passo mais próximo, com meus braços abertos. Sim, eu estou um passo mais próximo e pronto para tentar dessa vez." -- Bon Jovi, "One Step Closer"

Mês 1, semana 1, dia 1, reunião 1: comece pelos riscos!

Sim, **riscos primeiro!**

Não importa o que dizem os "manuais" de gestão, que sempre tratam riscos como um tópico avançado, sempre a partir da metade final dos capítulos...

Chega a ser engraçado, não?! Tudo "pegando fogo" e chega o novo gestor falando de suas teorias e conceitos de longo prazo.

E já que a vida real não é assim, tenha a certeza de que riscos é o tema que já pode colocar tudo a perder, desde o início, a curto prazo, sem permitir qualquer próximo avanço planejado.

Assim, não vejo outra saída; afinal, você também precisa manter seu cargo e se sentir seguro. Trabalhar com medo nunca foi uma estratégia inteligente ou duradoura!

Por isso, o entendimento básico e uma boa implementação da gestão de riscos são tarefas básicas e imediatas da liderança.

Repito, tarefas básicas e imediatas.

Identificação dos Riscos

O que precisa ser feito?

"Não há nada tão inútil quanto fazer, eficientemente, o que não deveria ser feito", disse Peter Drucker[1], e jamais trataríamos de "brincar de trabalhar", nesse livro.

Em sua primeira reunião de reorganização, sente-se reservadamente com os sócios (ou os representantes da alta gerência ou principais lideranças), para simplesmente listar "o que vem dando errado", "o que pode dar errado" e "o que deveríamos estar fazendo de bom".

Nesse encontro de alto nível executivo, não há necessidade de qualquer preparo ou formalidade; apenas tome notas de todas as insatisfações ali apontadas, pois nelas residem seu "mapa do tesouro".

Assim, em seguida, traduza, agregue e compile (com muita atenção) sua versão "passada a limpo" de uma **primeira rodada** de identificação de riscos. Parece apenas uma "lista ordenada de itens", sem qualquer categorização ou colunas adicionais de informação; mas, a partir desse primeiro instante, você já tem valioso material de trabalho, a monitorar.

Avançando para uma mais completa identificação, repita tal cerimônia com seu nível hierárquico imediatamente inferior; talvez, uma equipe mais operacional (ou rede de especialistas). Uma consulta direta acima e uma consulta direta abaixo...para, também, não gastar tempo demais em reuniões.

Mais uma vez, traduza, agregue, compile, "passe a limpo" sua **segunda rodada** presencial de identificação de riscos.

Daí, lance mão de qualquer ferramenta eletrônica de consulta para questionários online (por exemplo, *Google Forms*, *SurveyMonkey*

---
[1]https://pt.wikipedia.org/wiki/Peter_Drucker

etc), respondidos dentro do próprio email; e envolva, sim, todos os demais colaboradores da empresa: a **terceira rodada** é completa!

De início, para que não haja necessidade de treinamentos conceituais, evolua "passo a passo", incrementalmente; ou seja, no primeiro formulário, apenas peça que todos assinalem as situações com as quais se identificam e deixe um campo livre para a redação de "outros" riscos ainda não apontados nas reuniões anteriores.

Alguns resultados bem interessantes ainda irão aparecer e as pessoas se sentirão engajadas, convidadas a colaborar, independente de suas diferentes formações acadêmicas; e, aqueles que escreverem mais, utilizando o campo opcional "outros," deverão, sim, receber sua especial atenção: já explico o porquê...

O campo "outros", dessa primeira pesquisa de riscos, é estratégico, pois traduz proatividade, demonstra que certo indivíduo dedicou maior tempo e cuidado e se arriscou!

Pode parecer sutil, mas é muito comum as pessoas terem medo de possíveis erros de ortografia e de seu Português de fraco aprendizado escolar. Quem escreve mais sempre me chama atenção, para uma potencial liderança a desenvolver: lembre-se disso!

Importante, aqui, o uso da ferramenta eletrônica de questionário online, já que ela agiliza a consolidação da quantidade de respostas; e costuma traduzir, adicionalmente, análises estatísticas e gráficos bem interessantes.

Enfim, em 3 etapas rápidas, você terá obtido um **completo mapeamento do que pode dar muito errado**!

Embora ainda seja uma lista preliminar, é, também, uma base sólida e colaborativa, para qualquer ação de gestão à frente.

E você já pode ir trabalhar, no dia seguinte, um pouco mais relaxado...

Classificação dos Riscos

A partir da lista anterior, vamos qualificá-la!

Como?

A proposta seguinte é a de incluir atributos de probabilidade e impacto.

Probabilidade de cada risco identificado acontecer.

Impacto causado quando cada risco identificado acontecer.

Assim, precisamos estabelecer nossas próprias **escalas de pontuação**.

Não há regras formais: há tempos, eu as utilizo exatamente como descrito abaixo.

Para a escala de probabilidade...

- 1 - surpreso se acontecer
- 2 - pequena possibilidade de acontecer
- 3 - sim, pode acontecer
- 4 - é provável que aconteça
- 5 - ficarei surpreso se não acontecer

Para a escala de impacto...

- 1 - impacto insignificante
- 2 - 1 área afetada
- 3 - 2 ou mais áreas afetadas
- 4 - gera redução da qualidade
- 5 - torna o serviço inoperante

Vamos, então, comunicar a lista completa dos riscos identificados (como resultado de um primeiro trabalho colaborativo) e solicitar o preenchimento adicional de valores para probabilidade e impacto, em acordo com as escalas definidas.

Mais uma vez, o uso de alguma ferramenta eletrônica de consulta, através de questionários online, agilizará tanto o processo de coleta, como o processo de análise dos dados.

Já podemos, ao final dessa etapa da gestão de riscos, ordenar nossa lista não mais pela simples sequência alfabética ou por agrupamentos de categorias nomeadas; mas, sim, de uma maneira muito mais rica: pela **classificação decrescente de probabilidade e de impacto.**

Os riscos, que agora aparecem mais no alto da lista, merecem obviamente mais atenção; em função de suas respectivas chances de ocorrerem e, quando concretizados, de seus respectivos maiores graus de impacto pela organização.

O tempo começa a correr, pois já há consciência do cenário urgente e um chamado à ação: você convidou e já tem mais gente participando e apoiando sua corrida!

Priorização dos Riscos

A priorização dos riscos é, facilmente, uma mera formalidade, já obtida pela etapa anterior: apenas multiplique os números de probabilidade e impacto para obter os resultados absolutos que representam, numericamente, os respectivos riscos.

A **prioridade** é, então, o produto da multiplicação da probabilidade pelo impacto; e deixa bem explícito quais riscos merecem atenção imediata.

Nossa ordenação da lista de riscos, pela classificação decrescente de prioridade, fica ainda mais facilitada e objetiva.

Respostas aos Riscos

O objetivo prático passa a ser diminuir o valor de prioridade de cada risco; ou seja, matematicamente: tanto pela diminuição da probabilidade, como pela diminuição do impacto.

Devemos atuar para que os riscos não ocorram com tanta frequência; e, se realizados, não causem tantos prejuízos às operações da empresa.

À tal estratégia, dá-se o nome de "**respostas aos riscos**".

E, dentre as estratégias mais conhecidas, temos: aceitar, mitigar, eliminar, transferir ou explorar.

"**Aceitar**" não requer qualquer ação preventiva: deixo a vida me levar. Por outro lado, "**mitigar**" requer considerável esforço e é a ação mais comum, de progressiva minimização. "**Eliminar**" é uma situação final, desejada, mas nem sempre possível. "**Transferir**" envolve a participação de terceiros, em delegação da responsabilidade do risco para outros responsáveis. Já "**explorar**" trata das boas oportunidades e não das perigosas ameaças.

Assim, para cada risco, em acordo com sua prioridade, devemos planejar uma respectiva estratégia de resposta.

Embora exista essa mínima conceituação, de estratégias envolvidas, eu não costumo me preocupar tanto em garantir que todos os envolvidos nessa colaboração tenham, formalmente, tal treinamento e tal entendimento teórico. Por isso, não costumo me comunicar obrigatoriamente através do uso dessas "respostas": aqui, vale mais a ampla e livre participação!

Daí, para que nossa lista esteja 100% completa, é preciso que cada risco tenha sua **descrição da ação** a ser tomada, para viabilizar a estratégia planejada. E a redação dessa ação de reposta ao risco é o que realmente nos importa!

É importante que haja clareza em cada ação: sendo específica, alcançável, relevante e em tempo.

Monitoração dos Riscos

Agora, vem a disciplina! E, aqui, começa o **gerenciamento**!

Uma vez iniciada a execução de uma lista com riscos identificados, classificados, priorizados e planejados em suas respostas, devemos estabelecer o **ritmo** e monitorar os **resultados**.

Das etapas anteriores, temos um artefato, um produto de trabalho, um primeiro ativo organizacional para ser mantido e versionado.

Da etapa atual, temos uma cerimônia, um evento regular em agenda e calendário.

Garanta que tais comunicações e tais encontros aconteçam, dentro da frequência desejada: mensalmente, é um bom começo, para o necessário controle.

Todo mês, repita o processo de consultar os interessados, de coletar os dados, de analisar as mudanças, de questionar a efetividade das ações de mitigação, de comunicar resultados e estratégias atualizados; e, assim, manter todos os riscos sob gestão e todos colaborando com a nova cultura!

Um desejado **controle** já fica evidente.

Relacionamento dos Riscos

Erros costumam ter uma granularidade menor do que riscos.

Entretanto, quando um simples erro ultrapassa as fronteiras da organização e atinge, diretamente, o cliente, ele se torna grande!

É o que chamo de "**erro externo**".

Um erro externo carrega, em si, uma imediata deterioração da marca da empresa, enfraquece qualquer ação de marketing e arranha nossa imagem corporativa.

Nesse ponto, a Gestão de Riscos e a Gestão da Qualidade se encontram, colaborativamente.

É importante rever o posicionamento dos diversos controles da qualidade, sequencialmente ao longo de todo o macroprocesso da entrega de valor (principalmente, nas interfaces entre as atividades), para que qualquer erro ou risco ainda se mantenha interno.

Se os erros internos seguem sendo capturados, temos uma dinâmica sinalização de aprendizado e evolução das equipes. Mas, quando a quantidade de erros internos cresce demais, eles costumam "transbordar" para fora dos limites físicos; e, aí, qualquer incidência de erro externo é, realmente, muito prejudicial às operações.

Gosto, assim, dessa complementação do impacto: de **contabilizar erros internos e erros externos,** para que a gente siga acertando na gestão do relacionamento com o cliente, a partir da perspectiva da gestão dos riscos.

Modelagem dos Riscos

Com a regular prática da monitoração dos riscos e a contínua identificação dos erros internos e externos, começamos a formar um "corpo de conhecimento" que já requer alguma abstração adicional.

Não se trata de burocracia, mas, sim, de documentar um raciocínio que, naturalmente, se torna mais complexo.

Todo modelo é apenas uma representação ou uma interpretação simplificada da realidade.

Mas é muito útil traduzir e transferir tais informações

adquiridas para um modelo da **Análise SWOT**[2]: do inglês, "Strenghts" (**Forças**), "Weaknesses" (**Fraquezas**), "Opportunities" (**Oportunidades**) e "Threats" (**Ameaças**).

Como?

Apenas posicionando os principais aprendizados, dessa "semana 1", pelos quadrantes apresentados (*"Strenghts"* / Forças, *"Weaknesses"* / Fraquezas, *"Opportunities"* / Oportunidades ou *"Threats"* / Ameaças); teremos, então, ao final, um belo panorama executivo do negócio da empresa, modelado sob o ponto de vista de riscos.

E, assim, teremos mais um artefato a monitorar sua evolução, nosso quadrante da Análise SWOT!

Outro interessante modelo a compor é a **Matriz de Riscos**.

Ou seja, nada além de atribuir um gerenciamento visual à lista identificada, classificada, priorizada e respondida, anteriormente.

Numa planilha Excel, por exemplo, costuma-se montar uma tabela bem colorida, com as informações de riscos claramente distribuídas; depois, plota-se uma impressão bem grande na parede, para chamar a atenção e, também, para convidar a colaboração!

Plano de Contingências

Já disse, na introdução do livro, que "quando tudo der errado, ainda teremos as músicas de Paul McCartney"! (risos, adoro Paul McCartney[3])

Simplesmente, acontece: riscos irão se concretizar e, alguns, ainda serão externos; infelizmente.

---

[2] https://pt.wikipedia.org/wiki/An%C3%A1lise_SWOT#:~:text=An%C3%A1lise%20SWOT%20ou%20An%C3%A1lise%20FOFA,neg%C3%B3cios%20ou%20planejamento%20de%20projetos.

[3] https://pt.wikipedia.org/wiki/Paul_McCartney

Nesse momento, para manter a desejada **serenidade** que sugeri, convém já termos planejado, em antecipação, o que fazer: o nosso Plano de Contingências.

Funciona assim...

Basicamente, para cada risco já identificado, siga pela lista traçando ações de contorno, em correção emergencial, simulando o impacto previsto; como se a probabilidade de ocorrência estivesse em 100%.

E acredite: planejar tais situações indesejadas, antes da real ocorrência, carrega em si muita inteligência e estratégia; que costumam ser perdidas em momentos de maior estresse e do alarme da surpresa negativa.

Por isso, manter uma ampla Gestão de Riscos sem dedicar atenção a um valoroso Plano de Contingências é como nadar, nadar e sempre morrer na praia.

Antecipe-se aos seus piores eventos!

Política Organizacional da Gestão de Riscos

Aqui está, então, o pleno resultado de seu primeiro, e completo, produto de trabalho executivo!

Um preciso artefato cheio de diretrizes, comunicando uma madura e capaz gestão dos riscos da organização.

Um passo firme em sua atuação, um marco de maturidade!

Acredito na existência de uma única Política Organizacional Geral ("master", principal), com suas diversas "filhas", identificadas por cada respectiva área de conhecimento derivado.

Ou seja: uma política de alto nível, com diretrizes gerais sobre a ética nos negócios e os valores da cultura organizacional; e outras políticas derivadas, uma para cada disciplina conceitual presente na condução das operações.

Assim, já chegamos, por ora, nessa específica Política Organizacional da Gestão de Riscos.

Na prática, todas políticas são apenas listas ordenadas de tópicos, em pequenos e vários parágrafos descritivos de documentos de texto; que, somados, respondem à pergunta central: "**como se trabalha por aqui?**".

Cada tópico corresponde, diretamente, a uma diretriz e pode, se desejado, ser nomeado com algum rótulo para mais fácil comunicação. Por exemplo, na Gestão de Riscos (GRI), poderíamos ter: "GRI1: ...", "GRI2: ..." etc.

Minha Política Organizacional da Gestão de Riscos, tem somente 2 subtítulos: "sobre o documento" e "como se faz Gestão de Riscos por aqui?", pois é a pergunta que realmente importa e diferencia cada empresa; daí, em diante, é tudo sempre uma lista bem direta de pequenos parágrafos, contidos em claro entendimento e clara aderência.

Agora, todos estão envolvidos e, por isso, todos seguirão comprometidos: comunique sua primeira política com justificado orgulho!

E, conforme queríamos demonstrar, a **semana 1**, toda orientada a riscos, está pronta!

Micro, Pequena, Média, Grande ou Online

Não importa o tamanho: todo negócio tem **proprietários**; e todo proprietário precisa viabilizar sua **visão**: externamente para o mercado e internamente para os processos.

Assim, todo negócio (micro, pequeno, médio, grande, online) precisa, sim, de sua **Matriz de Riscos**, imediatamente; em prioridade do que deve ser planejado e executado, para não desperdiçar recursos (tempo, material, dinheiro) em tarefas e retrabalhos que não trarão o equilíbrio necessário...basta seguir o passo a passo ordenado anteriormente.

Atualizar a Matriz de Riscos passa a ser uma cerimônia, uma atividade recorrente para todos e com lembrete automático na frequência desejada. A Matriz de Riscos é essencial, pois viabiliza uma série de próximas ações executivas e estratégicas.

A **Análise SWOT** também pode ser percebida como uma introdução à Matriz de Riscos, preparando e tornando seu preenchimento didático e lógico. Categorizar forças, fraquezas, oportunidades e ameaças é um exercício rápido, criativo e bem estimulante ao negócio: considero, também, obrigatório para qualquer porte de empresa.

E, para nunca desanimar, quando algo der muito errado, saberemos que temos um prévio e sereno **Plano de Contingências** já estabelecido: não precisaremos nos desesperar ao consultá-lo.

Obviamente, a redação de uma Política Organizacional da Gestão de Riscos é opcional e só se faz necessária a partir da existência de um certo número de funcionários; porém, quanto maior esse número, maior deverá ser a formalização dessa comunicação, em garantida aderência.

E, mesmo enquanto seu número de funcionários ainda for pequeno, considere compartilhar **Matriz de Riscos, Análise SWOT e Plano de Contingências** com algum consultor externo ou opinião especializada: sempre existirá espaço para colaborações positivas e bem-vindas!

Quem eu era antes desse capítulo?

Em minha experiência pessoal...

Me lembro bem dessa primeira semana, mesmo há 10 anos atrás.

Na primeira reunião, apenas eu e dois sócios sentados numa pequena mesa, para falar de riscos; e o debate esquentou tão rapidamente que precisei abrir mão das anotações manuais, para começar a gravar a sessão em áudio, numa adaptação compatível com o andamento do encontro.

Numa segunda reunião, somente eu e os responsáveis pelas operações, que nunca haviam feito uma reunião como um time gerencial unificado; e o já esperado surgimento de novos apontamentos muito relevantes. Os sócios ainda estranharam aquela convocação, pela falta do habitual controle do que estava sendo discutido, sem a presença deles! (risos)

Depois, quando disparei a primeira lista de riscos, para todos responderem diretamente no conforto de seus e-mails, em qualificação de respectivos graus de probabilidade e impacto, a surpresa foi geral: sim, estávamos enfrentando nossas fraquezas, colocando o "dedo nas feridas"; e, sim, todos estavam participando, porque todos eram importantes.

Cartazes, com resultados consolidados da gestão iniciada, passaram a ser afixados nas paredes, ainda em improvisação de um melhor gerenciamento visual por vir: era a nova cultura organizacional se apresentando...focada na segurança do negócio e de todos!

Nesses primeiros dias, pouco importava meu currículo acadêmico ou histórico profissional: a mudança já havia sido percebida e a "voz do capitão" estava instalada, de maneira cordial, em parceria e muita agilidade.

Ao final da semana, o caminho executivo estava pronto para uma positiva recepção das primeiras versões da Política Organizacional Geral e de sua complementar Política Organizacional da Gestão de Riscos.

Confesso que um carente Plano de Contingências ainda me deixava apavorado...

E institucionalizamos um jargão de muito orgulho, como novo padrão de comunicação e aprendizado: **"ciente e comprometido"** (algo do tipo, em inglês, *"so say we all*[4]")!

O Processo Mapeado

[dia 1] Dono do Processo da Gestão de Riscos conduz reunião executiva para identificação dos riscos.

[primeira rodada pronta] Dono do Processo da Gestão de Riscos conduz reunião gerencial para complementação dos riscos identificados.

[segunda rodada pronta] Dono do Processo da Gestão de Riscos convida todos para consolidação dos riscos identificados.

[terceira rodada pronta] Dono do Processo da Gestão de Riscos coleta qualificações de probabilidades e impactos dos riscos.

[riscos qualificados] Dono do Processo da Gestão de Riscos orienta respostas aos riscos.

[riscos mitigados] Dono do Processo da Gestão de Riscos comunica Matriz de Riscos priorizada.

[matriz de riscos publicada] Dono do Processo da Gestão de Riscos monitora e avalia Erros Internos e Externos.

[erros sob medição] Dono do Processo da Gestão de Riscos comunica Análise SWOT.

[análise swot publicada] Dono do Processo da Gestão de Riscos orienta Plano de Contingências.

[plano de contingências publicado] Dono do Processo da Gestão de Riscos comunica Política Organizacional da Gestão de Riscos.

[política de riscos publicada] Dono do Processo da Gestão de Riscos monitora a recorrência da Gestão de Riscos.

---

[4]https://caprica.fandom.com/wiki/So_say_we_all

Semana 2: Modelo de Negócio

"Oh, Senhor, você não vai me comprar uma Mercedes-Benz? Todos meus amigos dirigem Porsches e eu preciso também. Trabalhei duro a vida toda, sem ajuda dos meus amigos. Então, Senhor, você não vai me comprar uma Mercedes-Benz?" -- Janis Joplin, "Mercedes Benz"

Passado o primeiro final de semana em casa, após a "Semana 1", a família deve ter até estranhado seu suave e confiante início, do novo comando da empresa, não é?! Afinal, as chances de incêndio já ficaram sob cuidadosa atenção!

Começaremos, assim, a segunda semana, com o foco em uma nova interpretação simplificada da realidade, em um modelo que amplia a representação anterior dos riscos e trata, agora, do entendimento de todo o amplo negócio...bem didático.

Porque todo negócio é sempre um sistema de processos que faz (ou deve fazer) dinheiro!

Um **sistema de processos** que faz dinheiro quando:

• cria e entrega algo de **valor**,

• que **clientes** querem ou precisam,

• num **preço** que estão dispostos a pagar,

• com uma **qualidade** que satisfaça suas necessidades e expectativas,

• para que o negócio tenha **lucro** em prol de sócios, de colaboradores e das operações.

Não perca isso de mente, esse é o "mantra" da segunda semana: dinheiro é o produto de um trabalho repetível de criação de valor, de marketing, de vendas, de logística e de finanças...preferencialmente, nessa ordem!

Por isso, todas as iniciativas estarão, agora, voltadas para responder as **6 questões fundamentais** descritas abaixo.

Como você se diferencia de seus competidores?

Quanto cobra por seu produto ou serviço?

Como você alcança seus consumidores?

Como vende seu produto ou serviço?

Como faz a produção e a entrega?

Como vai garantir que seus clientes retornem?

Nas seções abaixo, iremos, então, debater as perspectivas propostas por Alexander Osterwalder, em seu famoso livro "*Business Model Generation*[1]" e seu arranjo "*Business Model Canvas*" (BMC)...num agrupamento um pouco mais peculiar!

Entregar Valor

Concentre-se, por ora, na entrega de valor.

Identifique quais são os **valores** que diferenciam sua empresa. Por que assinar um contrato com sua organização ao invés de um outro concorrente?

Se ainda não consegue eleger, objetivamente, tais valores, consulte suas declarações de **Missão** e **Visão**. Tais parágrafos realmente importam, devem ser bem conhecidos e costumam estar (deveriam estar) sempre bem visíveis.

---

[1]https://pt.wikipedia.org/wiki/Business_Model_Canvas

Precisamos de tais valores para, respectivamente, realizar nosso propósito de existir e para alcançar um próximo estágio de evolução; num exercício que requer cuidadosa reflexão.

Sim, é um "dever de casa" solitário: enquanto você, como líder, não for capaz de garantir tal entendimento, ninguém mais será.

E, se necessário, a segunda semana já é um bom momento para reestabelecer a clareza de tal Missão e Visão: publique uma nova versão! Por que não?!

Revisite, em comparação, meus reais exemplos de Missão e Visão, presentes na abertura do livro.

Para um garantido entendimento, diária execução e lembrete, tais declarações podem estar como "papel de parede" ("*desktop wallpaper*"), na imagem do plano de fundo de cada estação de trabalho, de cada colaborador!

Desses valores, derivaremos, em seguida, o que pretendemos fazer para alcançar mais clientes novos e aumentar a satisfação dos clientes atuais.

Assim, se numa coluna da esquerda listarmos os **valores** da empresa e numa coluna à direita listarmos as categorias de **clientes**, a associação entre interesses e interessados se dará através do tipo de **relacionamento** mais apropriado e suas opções para os **canais** de comunicação desejados: uma baita **estratégia de entrega de valor**, que acaba por conceber todo um Programa da Gestão do Relacionamento com Clientes.

Aqui, a "**pergunta definitiva**", o que realmente importa, segundo Fred Reichheld[2], é: "em uma escala de 0 a 10, o quanto você nos recomendaria para um amigo ou colega?".

Finalize essa etapa, então, com uma métrica de lealdade de seu cliente, em reflexo de sua experiência e satisfação: o conhecido "*Net Promoter Score* (NPS)". Essa deve ser sua mais simples e ampla **pesquisa de opinião**.

---

[2]https://pt.wikipedia.org/wiki/Net_Promoter_Score

De fácil coleta e análise, por ser um indicador global, ela ainda permitirá que seu desempenho seja comparado com resultados de outras empresas, que também adotem a mesma medição.

Criar Valor

E o que pretendemos fazer para satisfazer os processos de negócios nos quais devemos alcançar a excelência?

Aqui, mapearemos, ainda em alto nível, as **atividades** e seus **recursos** necessários, humanos e materiais; contando, também, com as **parcerias** mais estratégicas.

Tome, então, conhecimento do conjunto de atividades que resume toda a sua produção de bens ou de serviços, revise as capacidades de seus times, liste os equipamentos que constituem os principais ativos e selecione seus fornecedores críticos...terá, enfim, seu macroprocesso número 1, a sua **Cadeia Primária de Valor**!

Trata-se de um importante marco de referência, uma linha base, sobre "**como se ganha dinheiro por aqui?**". E, a partir desse início, seguiremos planejando como fazer para sustentarmos nossa capacidade de mudar e melhorar.

Perceba que, nessa abordagem, natural e madura: você estabelece sua liderança, prontamente protege sua instituição, passa a entender seu setor de atuação e torna previsível o aprendizado de qualquer próximo processo mais específico.

Parabéns, você já faz parte de um projeto grandioso!

E nunca mais aceitará participar de algo menor.

Capturar Valor

Juntaremos, agora, os agrupamentos da "criação de valor" e da "entrega de valor" na "captura do valor"!

E, pensando em negócios, tudo resulta, realisticamente, em 2 grandes empacotamentos: **custos** e **receitas**.

De tudo que vimos acima (clientes, valores, relacionamentos, comunicações, processos, recursos e parcerias), ou nos trazem receitas ou nos representam custos e despesas...é fato!

Para sermos bem sucedidos financeiramente, é muito importante manter tal consciência para o lucro, para a estabilidade e para a longevidade do trabalho iniciado.

Organize, aqui, primeiro, suas "categorias de custos", numa completa lista ordenada que permita criar um orçamento a monitorar, em regular medição de seu desempenho financeiro.

Para as receitas, defina, de modo semelhante, um belo descritivo da "memória de cálculo do preço", para uma oferta racional de qualquer serviço ou produto.

Planilhas nos bastarão; sem maiores exigências.

Aproveite para separar o que é útil do que é inútil, identifique quais iniciativas requerem investimento e constituem despesa ou quais retornam ganhos.

Sim, é difícil, mas aceite que não há como fugir de tal contabilidade: faturamento bruto de vendas, recolhimento de impostos, receita líquida, despesas operacionais e o demonstrativo de resultados.

Todo negócio é um sistema que faz dinheiro...

Perceba o lucro como o resultado de um ciclo, que começa no planejamento das receitas e segue por uma rotina financeira, que é, retrospectivamente, verificada por uma necessária controladoria financeira. Com a correta aplicação de ferramentas eletrônicas, teremos um grato mapeamento de um "**ciclo de rendimentos**", sempre em movimento!

E, para uma bela apresentação da primeira quinzena que se aproxima do final, prepare todos os recentes produtos de trabalho para, também, serem colocados presos à parede, como artefatos prontos para um contínuo e adaptável **gerenciamento visual**!

Use-os como ferramentas executivas! Sempre à vista! Matriz de Riscos, Análise SWOT, Missão e Visão, Cadeia de Valor e *Business Model Canvas*...tudo visual e plotado grande, com justificado orgulho.

Afinal, você já reparou como as salas de aula das crianças, nas escolas, são muito mais coloridas e atrativas quando comparadas aos escritórios e locais de trabalho dos adultos?

Dê visibilidade a seus artefatos! Aprenda a se vender!

Mais uma vez, a colaboração estará, com justiça, ao seu lado.

Micro, Pequena, Média, Grande ou Online

É muito comum, nós fazermos, primeiro, o que nos é mais interessante e atraente; costumamos "deixar para depois" aquilo que julgamos ser chato ou cansativo...e, por vezes, não fazemos nunca.

E, aqui, se encontra um **grande problema** de todo negócio!

Microempresas, pequenas empresas e empresas online nem pensam em, formalmente, planejar sua estratégia de entrega de valor; correlacionando respectivos valores, categorias de clientes e relacionamentos.

Médias e grandes empresas já nem sabem mais quem escreveu, ou quando foram atualizadas, suas declarações de Missão e Visão; até o CEO[3] (Diretor Executivo) acaba por deixá-las de lado, ignorando que elas são seu rumo e sua direção.

São óbvios erros, de todos os portes...

E são **erros fatais**; em ameaças reais!

Sim, é preciso dedicar tempo para raciocinar sobre sua otimizada diferenciação no mercado: essa é a "insônia" que lhe trará lucro!

E, para compensar esse "como se perde dinheiro por aqui?", da lacuna deixada pela falta de atenção à entrega de valor, deve-se valorizar a criação de valor do "como se ganha dinheiro por aqui?".

Por isso: não deixe de desenhar sua Cadeia de Valor!

Pode até lhe ser um divertido exercício executivo: quanto maior a empresa, maior a riqueza e a quantidade de detalhes do desenho.

Da conhecida frase "**a força de uma corrente é sempre determinada pelo seu elo mais fraco**", entenda que seu Ciclo de Rendimentos só se manterá girando, lucrativo, como consequência primária de sua estratégia para o Modelo de Negócio; ou seja: criar valor, entregar valor e capturar valor.

Nem sempre o sucesso estará garantido pelo esforço extra, pela disciplina extra ou pelo dinheiro extra.

E jamais aceite o comentário de que "um microempreendedor é diferente de um empresário".

Quem eu era antes desse capítulo?

Quando eu estava nessa "semana 2", a empresa ainda era amadora e familiar.

Dessa época, Missão e Visão eram textos extensos demais, prolixos demais, não orientavam os objetivos estratégicos, mal cabiam numa folha A4 e ninguém sabia bem onde estavam documentados.

---

[3]https://pt.wikipedia.org/wiki/Diretor_executivo

Por isso, prontamente, redefinimos nossas declarações em direcionamentos claros, sucintos e de fácil leitura. Todos computadores receberam o novo, e obrigatório, "papel de parede" (*"desktop wallpaper"*); o website também foi atualizado. E muito legal foi prender um bonito quadro, em lugar de destaque na recepção, com tais comunicações de Missão e Visão; para conhecimento de todos clientes e parceiros...junto com uma convidativa pesquisa de opinião, sempre à disposição.

Uma lona foi impressa em gráfica, com nossa diagramação personalizada do BMC (*"Business Model Canvas"*), para constantes revisões, adaptações e colaborações internas...de todos, novamente (bastava utilizar uma nova nota adesiva).

O fluxo da Cadeia de Valor foi formalizado e treinamentos foram organizados, para ampla aderência ao principal processo de negócio: o "Processo Um". Estratégias de custos e preços seguiram a mesma abordagem: formalizações e treinamentos, em aderência.

E a nova cultura já seguia inspirando os funcionários, mesmo que bem no começo.

Enfim, a empresa se tornou profissional, mantendo gratificantes valores familiares.

O Processo Mapeado

[semana 2] TODOS usam o novo "desktop wallpaper", da Missão e Visão, em seus computadores.

[negócio registrado] TODOS são treinados no modelo "BMC", na Cadeia de Valor e no Ciclo de Rendimentos do negócio.

[envolvimento no negócio] TODOS mantém interesse pelas Pesquisas de Opinião retornadas.

[negócio validado] TODOS seguem convidados e aptos a colaborar com o negócio.

Semana 3: Objetivos Estratégicos

"Você tem um carro veloz e eu quero uma passagem para qualquer lugar. Talvez possamos fazer um trato. Talvez, juntos, nós possamos ir para algum lugar; qualquer lugar é melhor. Começando do zero, não teremos nada a perder; talvez nós façamos algo. Eu, mesmo, não tenho nada para provar." -- Tracy Chapman , "Fast Car"

Viajamos de avião para ganhar tempo no deslocamento. Mas, mesmo assim, buscamos chegar com antecedência no aeroporto e seguir por um embarque calmo. Cumprimentamos os comissários de bordo, comemos alguma balinha e aguardamos, com tranquilidade, o decolar.

Imagine, entretanto, se fosse tudo corrido! Imagine o piloto desesperadamente apressando a tripulação e os passageiros.

Assim, chegamos aos direcionamentos estratégicos na terceira semana; após uma fundamental ambientação inicial, sem tempo perdido e sem tanta pressa...para **"levantarmos vôo"**, agora!

O Valor das Lições Aprendidas

"O que tem dado certo (até aqui)?"

"O que tem dado errado?"

"O que vem contribuindo para o sucesso?"

"O que vem contribuindo para o fracasso?"

"O que não sabíamos antes, que sabemos agora?"

"O que pretendemos fazer diferente?"

Comece sua **análise crítica** da estratégia por uma retrospectiva da trajetória!

As perguntas acima lhe servirão como um roteiro; preferencialmente, para mais uma iniciativa colaborativa, de grato convite à participação.

Escreva-as num quadro branco, de uma sala de treinamento, e inicie a sessão...

Garanta, a todos os participantes dessa rodada, um entendimento adequado da iniciativa que está sob avaliação e produza planos que identifiquem "o quê?", "como?" e, principalmente, "**por quê?**" serão executadas as próximas medidas, garantindo que sejam documentadas as experiências relacionadas ao uso de seus produtos ou serviços.

Assim, reserve seu tempo para o pleno entendimento da situação anterior e para projetar a **gestão das mudanças**, em questões internas e externas, que se apresentam à frente...tudo em claras oportunidades para melhoria.

E não se esqueça de manter tais perguntas para repetição em próximas revisões, numa frequência regular, de como segue, historicamente, a evolução seu negócio: mais uma cerimônia criada.

Semestralmente, é um bom intervalo!

Como dito na introdução: não apresse tanto o planejamento, ele emergirá por si só!

Um Planejamento Estratégico Clássico

Vamos costurar, alinhavar, delinear tudo estrategicamente, a partir do cargo mais alto da hierarquia; possivelmente, o seu.

Porque a simples descrição de cargo daquele que mantém a direção da missão, visão e princípios da empresa é a de estabelecer as demais descrições de cargos.

A partir, então, desse ponto inicial, único, tudo mais deve derivar e se manter conectado, em confiante coesão.

Tal entendimento desse alinhamento garante que sejam enfileirados os **objetivos estratégicos** do negócio e sua sequência de implementações em **objetivos táticos**, a serem executados em **objetivos operacionais**, formando um dinâmico corpo de conhecimento na organização; em suas diferentes escalas de tempo, respectivamente, de longo, médio e curto prazos.

Busca-se, aqui, selecionar as melhorias a implantar, favorecer o alcance da inovação, buscar a pronta resolução dos problemas; enfim, executar o que for necessário, suficiente e sustentável, para atender as oportunidades de negócio, os investimentos identificados, os recursos, conhecimentos e habilidades requeridos...ou seja, os objetivos estratégicos da organização!

Se qualquer estratégia é sempre sair de um ponto A para um ponto B, além de considerar os diversos pontos de vista associados, convém deixar tudo muito bem claro e documentado.

Anualmente, revise seus resultados, estabeleça as novas metas, posicione-as ao longo do tempo e coloque tudo num documento a ser publicado com o frescor do novo ano que se inicia: é uma frequência natural!

Junto com sua redação do Planejamento Estratégico, comunique sua atualizada Política Organizacional Geral, aquela que orienta uma cultura ética de negócios e de respeito aos demais processos organizacionais, fortalecendo, assim, a cultura da empresa em torno desses termos de aceitação e de compromisso.

Um Planejamento Estratégico Inovador

Porém, se o enunciado anterior lhe pareça "velho", teórico demais ou formatado demais, podemos, sim, ir muito além dessa publicação anual de um extenso documento de planejamento estratégico...

Podemos trabalhar nossos objetivos em ciclos menores, mais ágeis, enxutos e adaptativos, mantendo a revisão dos resultados esperados, estabelecendo as novas metas, posicionando-as ao longo do tempo e dando visibilidade na adequada frequência: ciclos reais de criação de valor, de entrega de valor e de captura de valor pela Gestão Por Objetivos[1]!

Muitas "startups[2]" vêm adotando o modelo de "**OKRs**" ("*Objectives and Key Results*", "Objetivos e Principais Resultados") como a chave de sua gestão: **me faça pensar, não me diga o que fazer**; utilizam OKRs como uma proposta de reflexão, de análise de problemas e não em repetição de uma mesma "receita de bolo" limitada.

Basicamente, um **sistema de gestão de metas**, acompanhado de uma **medição do desempenho**:

"*Nosso* **objetivo** *é [meta], durante o* **período** *de [intervalo de datas], medido através dos* **resultados-chave** *para:*

[desempenho esperado do indicador 1], a partir do **valor inicial** *de [valor existente 1],*

[desempenho esperado do indicador 2], a partir do **valor inicial** *de [valor existente 2],*

[desempenho esperado do indicador 3], a partir do **valor inicial** *de [valor existente 3]".*

---

[1]https://pt.wikipedia.org/wiki/Administra%C3%A7%C3%A3o_por_objetivos
[2]https://pt.wikipedia.org/wiki/Startup

Assim, uma Gestão Por Objetivos verdadeiramente estratégica passa a ser a própria e completa descrição do negócio, sustentando tudo o que já vimos até aqui:

• Missão e Visão;

• Modelo de Negócio;

• "Como se ganha dinheiro por aqui?";

• eliminando a necessidade de um tradicional Planejamento Estratégico anual;

• adaptando uma nova realidade de regular planejamento estratégico bimensal;

• abraçando novos cenários, internos e externos, a cada atualização;

• incorporando contribuições de outras áreas de gestão em cada objetivo;

• evoluindo, com fluidez, os objetivos conectados de longo, médio e curto prazos;

• valorizando objetivos específicos, mensuráveis, alcançáveis, realistas e em tempo (S.M.A.R.T.[3]);

• mantendo o acompanhamento de outros KPIs[4] (*Key Performance Indicators*; indicadores-chave de desempenho), em complemento à medição e análise dos objetivos e principais resultados;

• alinhando objetivos pessoais dos indivíduos com iniciativas estratégicas da empresa;

• e, por fim, convidando todos à colaboração e ao reconhecimento profissional.

Surge a pergunta: como administrar essa nova empresa?

Responderei, abaixo, com novas perguntas "definitivas"...

---

[3] https://en.wikipedia.org/wiki/SMART_criteria
[4] https://pt.wikipedia.org/wiki/Indicador-chave_de_desempenho

"Onde eu quero chegar?", "como saberei se estou chegando lá?" e "por que eu quero tanto chegar?" serão as perguntas simples que transformarão qualquer pessoa, seja jurídica ou física!

Gestão da Decisão

Sabendo que desafios se apresentarão ao longo do caminho, estabeleça, também, um processo para a tomada formal de decisões, para evidenciar a melhor solução encontrada para um problema crítico, para que não existam dúvidas futuras sobre o cenário presente no momento da justificativa dessa escolha.

É muito comum que decisões sejam fortemente criticadas muito tempo depois, quando o novo cenário já é completamente diferente ou quando as incertezas anteriores já não mais confundem a todos.

Acostume-se a gerenciar suas decisões!

Basicamente, basta reunir uma cerimônia e uma planilha...vejamos, abaixo.

Uma planilha com formais seções (abas) para:

• "identificação do problema",

• "critérios de avaliação do problema",

• "escala de pontuação para esses critérios",

• "lista de alternativas para a solução",

• "avaliação dessas alternativas contra os critérios" e, objetivamente, a

• "decisão da escolha", junto com sua

• "justificativa da decisão" (preferencialmente suportada pelo maior total de pontos obtido na avaliação da melhor alternativa).

OBS.: sempre considere que é duvidosa a escolha de uma alternativa com baixa pontuação frente às demais...

E uma cerimônia de reunião, a ser convocada na ocorrência de algum dos cenários previamente estabelecidos para decisões formais; por exemplo:

• "Gestão da Decisão para Viabilidade de Investimento" (para decidir sobre oportunidades de negócio em perspectiva financeira),

• "Gestão da Decisão da Viabilidade do Serviço" (para decidir sobre operações e processos),

• "Gestão da Decisão para Seleção de Fornecedores" (para decidir sobre parcerias),

• "Gestão da Decisão para Recursos Humanos" (para decidir sobre capacidades dos times) e

• "Gestão da Decisão para Tecnologia" (para decidir sobre aquisições de equipamentos e ferramentas).

Na prática, trata-se de um encontro bem dinâmico e objetivo, um "game", onde o preenchimento evolui até chegarmos a uma matriz de critérios (posicionados nas colunas) por alternativas (ordenados pelas linhas) e, assim, uma matemática distribuição de notas e pesos; até verificarmos quem somou mais pontos!

Fique tranquilo, pois alguém sempre tenta, mas não consegue "adivinhar", mental e antecipadamente, qual alternativa de solução vai ganhar. (risos)

Observe, então, a importância desse modelo...

A Gestão da Decisão passa a ser um agradável momento na condução da empresa, pois só traz ganhos, a todos: alivia tensões, promove colaboração, amadurece responsabilidades, fotografa o real instante sob julgamento e, por fim, evita que o líder se torne um vaidoso ditador, limitando qualquer chance de abuso do poder hierárquico (afinal, são muitas e muitas decisões menores e individuais, ao longo da rotina dos dias, e é importante que haja tal lembrete para as decisões maiores e colegiadas).

Agora estamos prontos para, na próxima semana, encarar as pessoas e tomar nosso primeiro "banho de rua"... (risos)

Micro, Pequena, Média, Grande ou Online

Diz a frase motivacional, "se você cansar, aprenda a descansar, não a desistir".

Por que "problema + reflexão = progresso"!

Daí, a prática das "Lições Aprendidas" deveria ser costume, desde sempre: para crianças, adultos, microempreendedores, pequenas empresas, médias e online.

Sim, para todos; em óbvio benefício e esclarecedor exercício.

Refletir sobre o que deu certo, o que deu errado, o que você não sabia antes e o que fará diferente é certa garantia de melhoria e umas das mais simples, intuitivas e didáticas abordagens para melhor estratégia.

Entretanto, embora simples, intuitiva e didática, isso não quer dizer que deva ser informal, imprevisível e não planejada.

Valorize, sempre, a aderência a esse processo!

E não complique, desnecessariamente, a estratégia: toda estratégia te levará aonde você quer chegar e te orientará sobre como você irá chegar; se será eficiente, dependerá de sua motivação para o porquê de querer chegar lá.

A maior dificuldade reside no fato de que não se chega a lugar nenhum sozinho.

Não acredite na lenda do *"self made man*[5]*"* (em literal tradução, "o homem que se fez sozinho"): são apenas pessoas extraordinárias

---

[5]https://pt.wiktionary.org/wiki/self-made_man

que não souberam dar o devido crédito em gratidão àqueles que tanto viabilizaram seu caminho.

Então, você precisará envolver parcerias, estabelecer lideranças, formar redes de confiança, reconhecer talentos, resolver interesses conflitantes, estudar, acertar e errar.

Na próxima "Semana 4", falaremos das "Equipes de Trabalho".

Entende por que mencionei "descansar"? Porque nada disso acontece em uma semana, em um mês ou um ano.

Quem eu era antes desse capítulo?

Já não me surpreendo: poucos, até hoje, ouviram falar em Gestão da Decisão, como um processo formal e objetivo para apoiar decisões críticas, em desconhecimento de tal valioso recurso.

Na primeira sessão que conduzi, nem busquei explicar qualquer teoria: nos reunimos para tratar de um sério problema e, em frente ao quadro branco, eu fui desenhando colunas de critérios e linhas de alternativas; quando a curiosidade já era maior, eu completei o desenho de uma matriz (tabela) e começamos a equilibrar suas respectivas pontuações...e, tendo alcançado o horário limite de fim da reunião, não tivemos tempo de calcular todos os somatórios: tiramos uma foto do quadro e um responsável foi atribuído para a consolidação dos números e comunicação do relatório.

Por isso, voltando ao capítulo inicial desse livro, trata-se de um enorme risco concentrar o peso dessas decisões num único avaliador: eu nunca as quis só para mim...além de até levantar suspeitas sobre a própria governança corporativa, em transparência e ética nos negócios.

Ter implantado um controle efetivo de gestão das decisões representou um enorme salto de confiança e responsabilidade na formação de novas lideranças.

A regularidade estabelecida para a cerimônia de Lições Aprendidas também se mostrou acertada, para a contínua maturidade proporcionada pela semana 3.

No momento dessa escrita, estou muito envolvido com a transição de um Planejamento Estratégico Tradicional para o mencionado Planejamento Estratégico Inovador, em implantação de uma completa Gestão Por Objetivos, debates e acompanhamentos de OKRs, expansão horizontal do Organograma e nova Formação de Lideranças: seguindo o próprio livro que escrevi sobre o assunto ("Uma Gestão Por Objetivos: OKRs e KPIs Na Prática: Controle e acelere os avanços de seu negócio[6]").

A "roda do mundo girou" e, para mim, funciona, exatamente, conforme tenho relatado e vivenciado nessas descrições.

O Processo Mapeado

[semana 3] Comitê da Gestão Por Objetivos registra retrospectiva de Lições Aprendidas.

[estratégia revisada] Comitê da Gestão Por Objetivos apresenta objetivos e resultados-chave (OKRs) do período.

[estratégia apresentada] Dono do Processo da Gestão de Decisões avalia eventuais próximas sessões.

[estratégia controlada] Todos reforçam ciência e comprometimento com OKRs (o quê?, como?, por quê?).

[estratégia renovada] Novas lideranças em desenvolvimento.

---

[6]https://www.amazon.com.br/dp/B0BQX49SH9

Semana 4: Equipes de Trabalho

"Quem você pensa que é? Uma super estrela? Bem, realmente você é! E todos nós brilhamos; como a Lua, as estrelas e o Sol. Bem, todos nós brilhamos! Todos, vamos lá!" -- John Lennon, "Instant Karma"

Estamos, agora, conceitualmente, mais preparados para receber e acolher as **pessoas**!

Algumas, obviamente, já conhecemos pelo nome; e é simples apreciar que todos nós gostamos de nos sentirmos especiais...pois somos! É hora, então, de acelerar e dar corpo às mudanças...

Riscos, modelo de negócio e estratégia já seguem em andamento; na semana 4, vamos focar nos **times**.

Como se trabalha por aqui?

Da "Política Organizacional Geral", estabelecida na semana 3 (vide capítulo anterior), derive, agora, uma mais específica "**Orientação das Equipes de Trabalho**": um "**Código de Conduta**" bem mais específico, do "chão de fábrica".

Faça, realmente, uma transição das diretrizes executivas para as diretrizes mais gerenciais, de menor granularidade; prepare o caminho para as atuações dos **gerentes**, em claro alinhamento estratégico com a diretoria.

Assim, além de, claramente, descrever as atribuições esperadas para cada cargo funcional, tal documento comunica a importante "**regra de escalonamento de problemas**", sobre como um problema deve evoluir, corretamente, através dos níveis hierárquicos da empresa.

Por vezes, uma questão importante é "abafada" ou atrasada; outras vezes, uma questão menor ganha inútil aceleração. Por vezes, funcionários mais extrovertidos buscam uma inadequada proximidade com instâncias muito superiores; outras vezes, introvertidos muito talentosos são escondidos pelo próprio time.

A regra de escalonamento de problemas ainda é, desejadamente, bidirecional: comumente, nem é tão preocupante o diretor não saber de todos assuntos que circulam pelos corredores ou refeitórios; mas é muito preocupante o funcionário não saber dos debates que acontecem reservadamente na alta gestão!

É de interesse do líder criar essa ponte, entre diretoria e gerência, de maneira muito clara e segura; tratando, objetivamente, o escalonamento de problemas, questões ou soluções como um processo de negócio, de estratégica aderência.

Aproveite, aqui, para também divulgar e formalizar o explícito **organograma**: é sempre uma grata abstração da estrutura analítica da empresa, facilitando suas comunicações e responsabilidades.

Seguindo adiante pela Cadeia de Valor, é esperado que tal macroprocesso derive diversos outros processos agrupados por suas respectivas "áreas de conhecimento".

A composição final, de quais áreas de conhecimento compõe a organização e quais processos compõe cada área de conhecimento, é que nos trará a completude de uma necessária **gestão integrada**.

E, para começar a rodar tal sistema integrado, precisaremos, prontamente, da nomeação de um **grupo de processos**, uma rede de especialistas que se responsabilize pelas iniciativas das melhorias distribuídas. Veremos que tais lideranças operacionais não precisarão ser exercidas unicamente por gerentes.

Para começar tal nomeação, em pleno alinhamento executivo, é desejado que seja estabelecida uma política organizacional específica para cada área de conhecimento identificada, derivadas da já comunicada Política Organizacional Geral.

A questão, aqui, é responder "como se faz [nome da disciplina] por aqui?".

Por exemplo, é comum registrar:

Política Organizacional para Gestão Administrativa,

Política Organizacional para Garantia da Qualidade,

Política Organizacional para Gestão da Informação,

Política Organizacional para Relacionamento com Clientes,

Política Organizacional para Gestão da Inovação,

Política Organizacional para Gestão das Aquisições

e uma grata Política Organizacional para Melhoria dos Processos.

Observe, desde o início, quais colaboradores apresentam mais iniciativa para tal exercício e quais têm menos receio de apresentar suas redações iniciais. Conhecimentos gramaticais da Língua Portuguesa (ortografia, sintaxe, semântica) e uma atitude proativa formam um forte par a identificar!

Confie (e **execute**): ter claras orientações para as equipes de trabalho, incluindo regras para escalonamento de problemas, junto ao organograma e uma política organizacional específica para cada área de conhecimento envolvida na Cadeia de Valor da empresa, é uma grata introdução àqueles que nunca vivenciaram uma cultura de processos! Além de serem artefatos de muita reutilização, servem como material de capacitação para funcionários recém-admitidos, como parte de um plano de treinamento, na descrição de cargos e salários, em auditorias internas e externas, para uma apresentação institucional etc.

É um trabalho de documentação inevitável! Porém, de alto nível, sim, em todos os sentidos! Garante-se um forte acoplamento entre os objetivos estratégicos já existentes e quaisquer próximos processos a mapear.

Lembre-se da mentalidade de todo amador; de apenas contratar os melhores profissionais, aquisitar as melhores ferramentas e deixá-los todos livres, sem qualquer incômodo: isso não existe e não funciona; deixe sempre claro "como se trabalha por aqui"!

Formação de Lideranças

Comece, então, ao final do primeiro mês, a nomear e a formar suas lideranças!

Se possível, já estabeleça um Programa de Formação de Lideranças...super convidativo.

As premissas já estão lançadas e é hora de despertar interesses, por capacidades e maturidades superiores.

Costumo começar por um amplo mapeamento da **base organizacional** de competências; entendendo que competência é sempre um resultado conjunto de conhecimentos, habilidades e atitudes.

Hoje, trabalho com os seguintes critérios de avaliação, exemplificados abaixo.

"aprendizado" (conhecimento)

"atenção" (atitude)

"colaboração"(atitude)

"comprometimento" (atitude)

"comunicação" (atitude)

"disciplina" (atitude)

"emocional" (habilidade)

"especialização" (conhecimento)

"gestão" (habilidade)

"inovação" (habilidade)

"matemática" (conhecimento)

"motivação" (atitude)

"organização" (habilidade)

"português" (conhecimento)

"produtividade" (atitude)

"ritmo" (atitude)

Assim, em acordo com seus critérios estabelecidos, liste todos seus funcionários e compare cada competência disponível e cada competência desejada, para cada respectivo nível de experiência profissional (júnior, pleno ou sênior).

Quando o nível de experiência desejado estiver acima da competência disponível, deve-se trabalhar o funcionário através de um plano de treinamento e capacitação; por isso, todos funcionários devem estar mapeados! E com alguma frequência de revisão! Faça uso e busque apoio do já nomeado Grupo de Processos.

De maneira padronizada e resumidamente, "júnior" é aquele que executa suas tarefas em direto acordo com as instruções recebidas; "pleno" já dispõe de maior senso crítico e é capaz de questionar algumas orientações recebidas; enquanto o "sênior" previne riscos e erros e está preocupado com a harmonia e o desempenho de resultados do conjunto.

Outros exemplos de cerimônias, com bons resultados para a formação de lideranças, envolvem sessões regulares de mentoria com gestores, breves reuniões diárias pelos times e questões abertas para livre participação em fóruns de debates. Fica a dica para tais implementações!

De uma **"Mentoria com a Diretoria"**, busque conhecer seu time através de reuniões individuais, um a um, diretor e colaborador, conduzidas a partir de um prévio planejamento personalizado (aprecio o uso de mapas mentais) de ideias a apresentar (toda semana, quinzena etc).

Nas **"Reuniões Diárias"** dos times, promova a auto-gestão através de reuniões diárias de 15 a 20 minutos:

"o que fizemos ontem?",

"o que faremos hoje?" e

"quais impedimentos limitam nossos avanços?",

na garantia de uma ampla comunicação e senso de priorização.

Questões abertas envolvem, por exemplo, questionar o que está acontecendo, com foco no planejamento ("em que você está focado esta semana?"), questões da cultura organizacional (através de um banco de perguntas críticas, associadas à empresa), questões sociais (através de um banco de perguntas mais leves e engraçadas, para conectar com hábitos de cada um) ou um "pergunte-me qualquer coisa" (com perguntas "para quebrar o gelo" direcionadas para algum colaborador sorteado da semana).

Em tempo, trataremos outros requisitos de RH; mas, por ora, ao final do primeiro mês, apenas confirme que o melhor funcionário é aquele que funciona: sua rede de confiança e proteção, sua "Prata da Casa"!

A Expansão Horizontal do Organograma

O elefante se sentou no chão; tente empurrá-lo...

Não dá!

Assim, percebo o enorme crescimento vertical do organograma das grandes empresas: ao infinito e além, em incontáveis níveis hierárquicos, muito difíceis de percorrer numa única encarnação.

Para "pular" etapas de transição, acaba sendo mais fácil "pular" entre empresas: uma triste realidade de engessados conceitos vigentes.

Enquanto isso, a formiga segue invejada: leve e rápida...

Como garantir essa saudável parceria e uma segura convivência?

Observe que o costume é não abrir mão do título hierárquico, mas seguir, operacionalmente, inventando novos termos e agrupamentos: "rede de especialistas", "grupo de processos", "escritório da qualidade", "escritório de projetos", "comitê ABC", "comitê XYZ" etc.

E nada disso faz parte do organograma oficial: a estrutura hierárquica, formal e tradicional, sempre apresenta suas evidentes inconsistências, ao criar e recriar funções para constantes desafios, de inovação e objetivos estratégicos.

O elefante é estável, mas a formiga é ágil...

Acredito num novo **organograma físico-funcional**.

"Físico" porque é ocupado por pessoas, em explícita e ampla atribuição de responsabilidades individuais: todos são nomeados e são potencialmente valorizados...ficando mais clara a completa origem de formação da "pessoa jurídica".

"Funcional" porque é mais dinâmico, mais fluido em suas fronteiras verticais, mais orientado à meritocracia[1] e à colaboração...sem perder a definição e as práticas esperadas de cada escopo de atuação.

Com isso, a definição de novos papeis organizacionais internos me seduz:

• **"Donos do Produto"**: o conselho de sócios, os diretores e as lideranças executivas, em um novo olhar sobre a organização em gestão de um produto;

• **"Donos das Operações"**: a alta gerência, a rede de confiança de especialistas, em estratégica sustentação do negócio;

---

[1]https://pt.wikipedia.org/wiki/Meritocracia

• **"Donos dos Serviços"**: uma democrática interface, de transição entre processos e operações, fortalecendo a disseminação de ambientes calmos, organizados, gerenciados e produtivos;

• **"Donos dos Processos"**: a unidade básica e fundamental de aderência a qualquer trabalho realizado, em superior nivelamento (todos importam).

Agora, tudo contribui para que menos valor seja dado às formalizações, limitações e competições de "auxiliares", "analistas", "gerentes" ou "diretores"...

A entrega dos **resultados-chave** acontece em sobreposição à assinatura contábil da Carteira de Trabalho: embora se mantenha o respeito pelo segundo, experimentamos e promovemos mais o primeiro!

Micro, Pequena, Média, Grande ou Online

Do Modelo de Negócio derivam-se as Áreas de Conhecimento, da empresa micro, pequena, média, grande ou online: um exercício vital.

Numa empresa micro ou pequena (por vezes, na empresa média), as Áreas de Conhecimento acabam por representar as áreas de estudo de um único colaborador; que, assim, acumula inevitáveis "bonés" ou papeis de atuação: é comum e inevitável, nesses cenários, "jogar em várias posições", regularmente. Aqui, a revisão de forças/oportunidades e fraquezas/ameaças, da "Semana 1" da Gestão dos Riscos, é muito valiosa. Planeje, estude e desenvolva-se!

Não tenha pressa em verticalizar seu organograma: mantenha-o, sempre, o mais enxuto possível!

Ao expandir, busque favorecer a expansão horizontal, alocando, estrategicamente, os responsáveis por cada processo, serviço, operação e produto.

Conforme a empresa for crescendo, deixe as "regras do jogo" sempre claras, em publicações das políticas organizacionais. E, para melhor controlar cada termo de ciência e comprometimento comunicado, avalie o uso de alguma ferramenta de assinatura eletrônica; automaticamente, capturando diversos dados de autenticação do signatário (o controle manual, para qualquer tamanho de empresa, é tarefa tediosa e desorganizada).

Por fim, entenda que o crescimento de sua empresa sempre estará associado ao desenvolvimento de sua(s) liderança(s): não desista, pois é contínuo!

Quem eu era antes desse capítulo?

Minha impressão inicial, de primeira prática da semana 4, foi péssima!

De presente, ganhei o livro "Você Não Pode Demitir Todo Mundo[2]". (risos)

O que mais me incomodava eram as situações de insubordinação, de desobediência, que resultavam na falta de aderência aos processos de negócio.

Da solução encontrada...

Dentre um enorme banco de palavras, escolhemos os adjetivos mais votados, que queríamos que nos representassem, e criamos um elegante adesivo na janela de um corredor interno, para a leitura contínua dos **princípios** eleitos da empresa.

"Respeito por todos indivíduos",

"Respeito por suas ideias de melhoria",

---

[2]https://www.amazon.com.br/dp/B076BXCGNT

"Qualidade",

"Inovação",

"Ciência",

"Agilidade",

"Colaboração",

"Confiança",

"Comunicação",

"Excelência".

Desse primeiro passo, até a elaboração do organograma, dos cargos funcionais e de planos de trabalho, seguiram-se avanços bem cansativos.

A Base Organizacional de Competências (conhecimentos, habilidades e atitudes) apresentava inconsistências e conduzi muito mais demissões do que gostaria ou imaginava...também me cansou tanto esforço de recrutamento, seleção e integração de novos funcionários.

Por isso, considero necessária uma urgente antecipação do Programa de Formação de Lideranças, do Processo para Escalonamento de Problemas e da Expansão Horizontal do Organograma, já na semana 4: foi um erro eu não tê-los iniciado o quanto antes.

Até hoje, participo de sessões de Reuniões Diárias com os times (gerenciais ou operacionais) e alimento questões da cultura organizacional, semanalmente.

O Processo Mapeado

[semana 4] Do modelo de negócio, CEO identifica áreas de conhecimento.

[áreas de conhecimento] Das áreas de conhecimento, CEO redefine hierarquias.

[organograma vertical] CEO analisa classificação de todos recursos humanos.

[base organizacional] CEO publica novo organograma físico-funcional.

[organograma horizontal] CEO aprova redações das políticas organizacionais setoriais.

[diretrizes executivas] Donos do Produto, Donos das Operações, Donos dos Serviços e Donos dos Processos desenvolvem a formação de lideranças.

MÊS 2 "GESTÃO DA QUALIDADE"

- Semana 5: Gestão de Cerimônias
- Semana 6: Gestão Por Processos
- Semana 7: Gestão de Documentos
- Semana 8: Gestão de Resultados

Primeiro mês consolidado! Alicerce sólido e base sustentável para a próxima etapa de crescimento.

Já estão sob gestão: riscos, modelo de negócio, planejamento estratégico e lideranças das equipes.

No segundo mês, trataremos da qualidade: cerimônias, auditorias, processos, procedimentos operacionais, documentos, modelos de documento, indicadores e resultados.

Vamos "atribuir", incorporar, qualidade à liderança: um sistema de excelência do desempenho, a busca pelas melhores práticas, a otimização dos métodos e ferramentas; tudo muito multidisciplinar, com grato comprometimento, priorização e satisfação.

Por vezes, será percebido um maior foco no **controle da qualidade**; outras vezes, a maior preocupação estará sobre a **garantia da qualidade**. Enquanto o "controle" é mais reativo, associado à verificação dos critérios esperados e sua respectiva classificação de conformidade, a "garantia" é sempre proativa, preocupada em já antecipar as soluções e em prevenir a ocorrência de próximos erros.

O sucesso estará reunido, com o avanço do tempo, na habilidade em manter a estratégia da empresa e a gestão da qualidade unificadas, atômicas, coesas; já que, em última instância, toda liderança deverá agir como sendo o gerente "número 1" da Qualidade!

Semana 5: Gestão de Cerimônias

"A casa é sua! Por que não chega agora? Até o teto está de ponta-cabeça, porque você demora. A casa é sua! Por que não chega logo? Nem o prego aguenta mais o peso desse relógio." -- Arnaldo Antunes , "A Casa É Sua"

Por cerimônia, entendemos qualquer ação realizada de acordo com algum regulamento ou norma, para expressar adesão...**em tempo!**

Cerimônias envolvem, por exemplo, chegar no horário, em claro sinal de respeito com os demais, ou responder um email com prontidão, lhe garantindo uma diferenciada atuação e nova oportunidade de negócio.

Até aqui, já mencionamos e acumulamos algumas cerimônias...

• Colaboração com a Gestão de Riscos

• Comunicação da Matriz de Riscos

• Registro Formal de Erro Externo

• Comunicação da Análise SWOT

• Publicação de Política Organizacional da Gestão de Riscos

• Modelagem de Negócio BMC

• Análise da Cadeia de Valor

• Coleta de Pesquisas de Opinião NPS

• Coleta de Lições Aprendidas

• Análise Crítica e Planejamento Estratégico

• Reunião para Gestão da Decisão

- Publicação de Política Organizacional Geral
- Elaboração de Programa de Formação de Lideranças
- Nomeação de Grupo de Processos
- Revisão da Base Organizacional
- Sessão de Mentoria com a Diretoria
- Convocação para Reunião Diária
- Questões para "Conheça Seu Time"

Ufa...em apenas 1 mês!

Sim, é óbvio perceber que, se não arrumarmos a casa e estabelecermos alguma gestão, rapidamente tais cerimônias serão meros lembretes formais, sobrecarregados, ignorados e sem qualquer utilidade.

Em função do tempo ser um dos recursos mais limitados que temos a gerenciar, vem a necessidade de sincronizar, integrar e planejar todo esse inevitável arranjo de ocorrências.

Agendas e Calendários

Para organizar e distribuir essas ações no tempo, gosto da simples ideia das **listas de verificação** (ou "*checklists*"): nada além de um amplo mapeamento de eventos e suas respectivas frequências de recorrência...anotadas em agendas e calendários!

É raro observar, nas mais diversas instituições, uma especial atenção ao bom uso de agendas e calendários. E tal atenção denota responsabilidade, transparência, compromisso, ritmo, disciplina, produtividade, objetivo, gestão; dentre outros valiosos atributos.

Uma boa solução de ferramenta eletrônica para tal controle deve permitir, principalmente: uma estratégia de categorização das agendas e da alocação de seus interessados, a configuração das repetições e a comunicação dos lembretes por diversos meios de contato, além de uma imediata disponibilização de conferência por vídeo e/ou áudio.

Assim, mantenha atualização de um documento que norteie o prazo mínimo de execução das cerimônias associadas às áreas de conhecimento já identificadas, distribua-as no tempo e viabilize uma sustentável manutenção de seu Sistema de Gestão da Qualidade (SGI)...com muita clareza, aderência e de maneira completa!

Auditorias

Agendas e calendários preparam o caminho para muitos resultados satisfatórios; incluindo as auditorias!

Sejam auditorias internas ou auditorias externas, tais eventos devem estar lá, representados em alguma agenda: com data, interessados e lembretes automáticos plenamente configurados.

Garanta, de maneira previsível e controlada, que o trabalho seja feito no tempo correto, pela pessoa correta e da maneira correta. Em qualquer auditoria, como avaliações da qualidade, buscamos sempre evidenciar

1) que qualquer trabalho esteja baseado em processos,

2) que qualquer funcionário esteja treinado no processo em que atua e

3) que exista formação acadêmica comprovada para a respectiva área de conhecimento.

Desse modo, ninguém se surpreenderá ou se apoiará em frágeis desculpas para a falta de preparação ou uma fraca execução ao evento marcado e atribuído.

Auditorias internas apoiam o Programa de Formação de Lideranças, pela capacitação de auditores internos. Auditorias internas mantém todo o sistema "azeitado", em pleno funcionamento, sem deixar qualquer parte "enferrujar" ou "escapar".

Exemplos, incluem: "Inspeção de 5S[1]", "Auditoria das Estações de Trabalho", "Auditoria Interna de Rastreabilidade de Materiais", "Testes de Proficiência" e "Auditoria Independente da Qualidade".

Auditorias externas representam um gentil convite para que consultores, comprovadamente experientes, avaliem e debatam, de maneira independente, seus resultados; em claro aprendizado.

E, ambas formas, são de sua livre escolha!

O fato é que todos dizem ter qualidade, mas poucos estão, realmente, dispostos a expô-la à prova de auditores, internos ou externos. Entenda, aqui, que **abraçar as mudanças** propostas é sinal de evolução da maturidade e capacidade de sua organização e traduz sua diferenciada atuação.

Assim, monte sua estratégia para auditorias!

Atualize os eventos em agendas e calendários, atualize a nomeação do Grupo de Processos e dos auditores internos, comunique os modelos dos documentos e as normas para aderência; e evolua continuamente, sempre!

Gerência Ágil

Muito se fala sobre agilidade.

Basta uma rápida busca, na web, pela palavra-chave "Scrum[2]" e perceberá a enorme quantidade de resultados!

Também perceberá que os "evangelistas de plantão" não param de apontar as novas siglas da moda e se prender a detalhes do que é conceitualmente certo ou errado, em desejada perfeição teórica...aff, haja paciência.

---

[1]https://pt.wikipedia.org/wiki/5S
[2]https://pt.wikipedia.org/wiki/Scrum_(desenvolvimento_de_software)

Indo bem direto ao ponto, o bacana da agilidade é combinar passado, presente e futuro, em análises muito bem definidas!

De uma maneira ordenada, busca-se aceitar a livre entrada de novas demandas, mas devidamente priorizadas. Daí, elege-se o conjunto de tarefas que serão prontamente trabalhadas pelos times. E, ao final do período pré-estabelecido, revisam-se os resultados da entrega e do processo utilizado para essa entrega.

Com base numa pilha de necessidades montada no passado, hoje eu decido o que vou fazer, como pretendo chegar numa situação futura e, com isso, nossa produtividade já está acordada. Qualquer imprevisto também é absorvido e está contido no processo de desenvolvimento, para a pronta resolução.

É, realmente, bem legal: exige ritmo, disciplina e comprometimento, em clara relação com o tempo!

Procure por turmas para formações de *"Scrum Masters"* (com foco no processo) e *"Product Owners"* (com foco no produto ou serviço)...infelizmente, não há como fugir, aqui, do excesso de termos em inglês.

Então, nessa quinta semana de sua liderança, vale à pena atualizar seu **Plano de Treinamento** e incorporar multiplicadores desses conceitos inovadores por sua corporação...que, agora, também buscará ser uma empresa ágil!

O gerenciamento ágil é, portanto, fortemente orientado às definições de cerimônias, papeis e artefatos, numa abordagem que favorece o trabalho pronto, a comunicação e um ambiente cada vez mais informativo.

Gerenciamento Visual

Por falar em ambiente informativo...

Ao longo desse livro, perceberemos que todas as comunicações são, naturalmente, favorecidas pelo gerenciamento visual: é, então, um grato "lugar comum".

O gerenciamento visual permite que cada setor da empresa trabalhe sua autogestão, oferecendo transparência nas tarefas planejadas do dia, tarefas em andamento, tarefas prontas, tarefas ainda não planejadas e tarefas com impedimentos a escalonar.

Os ganhos em produtividade, priorização, comunicação, controle, rastreabilidade, segurança e agilidade são óbvios e imediatos.

Assim, é desejado que sejam estabelecidas diretrizes executivas vindas do líder, em formal apoio ao gerenciamento visual, como uma concreta ferramenta de trabalho!

Por exemplo: padrões de organização devem ser claramente identificados e facilmente mantidos; cada setor de trabalho mantém autonomia para evoluir seu quadro de gerenciamento visual de tarefas; a boa prática da mesa sempre limpa também reflete os valores do gerenciamento visual da empresa; estoques são, preferencialmente, controlados através de marcações visuais; a sinalização dos ambientes também obedece a tal clareza etc.

Adiante, apresento algumas soluções de ambientes altamente informativos, sejam físicos ou online; e acredito que, por si só, esse tema merece seu próprio livro: "Gerenciamento Visual Na Prática–como criar personalizados ambientes informativos".

Micro, Pequena, Média, Grande ou Online

Micro, pequenas, médias, grandes ou online: todas empresas carecem de disciplina, ritmo, priorização, transparência, responsabilidade e objetivos, quando o assunto é a gestão das cerimônias!

Um hobby não requer cerimônias; já um trabalho, sim, inevitavelmente.

Ou seja, não depende do porte, depende do comprometimento!

Não é sobre manter aderência durante 1 semana, 1 mês ou 1 ano; é sobre manter renovada aplicabilidade por 5 anos, 10 anos, 20 anos...

E, nesse caso, empresas online, mais acostumadas com amplo portifólio de ferramentas eletrônicas, levam alguma vantagem.

Manter listas de cerimônias constantemente atualizadas, em sistema de lembretes automáticos, acaba por requerer algum produto que permita integrar diferentes aplicativos da web e automatizar consequentes fluxos de trabalho (hoje, por exemplo, eu uso o Zapier[3]).

O controle de entregáveis esperados, em solução de gerenciamento visual, também é facilitado por aplicativos web de gerenciamento de quadros Kanban[4] (hoje, por exemplo, eu uso o Trello[5]).

A quantidade de licenças a ser comprada é, obviamente, proporcional ao número de colaboradores; podendo até ser uma oferta gratuita.

Ao tratar o tema "cerimônias", a ampla padronização "enterprise", por toda corporação, é sempre um desafio.

Quem eu era antes desse capítulo?

Em experiência pessoal, recordo que não dava para organizar cerimônias, auditorias e treinamentos com aquele servidor de e-mails mais barato e sua limitada ferramenta de agenda e calendário: investir em uma nova infraestrutura foi necessário, com prontidão.

---

[3] https://zapier.com/
[4] https://pt.wikipedia.org/wiki/Kanban
[5] https://trello.com/

Trabalhar com qualidade também nunca foi apresentado como algo opcional; e, incrementalmente, fomos avançando um crescente portifólio de auditorias internas e de auditorias externas.

Aqui, sempre coube pouca discussão sobre por que fazer "**certo da primeira vez**"; apenas é, garantidamente, mais lucrativo: Qualidade é, afinal, uma estratégia de lucro; Inovação é uma estratégia de qualidade; isso, sim, é um Ciclo de Melhoria de excelência.

E, realmente: talvez, um bom Plano de Treinamento seja o melhor amigo do Planejamento Estratégico! Porque todo Plano de Ação contém a soma de uma Gestão de Riscos, com Estratégia e com Capacitação...

Nossas melhores inovações implementadas foram, definitivamente, os quadros de gerenciamento visual, explorando o uso dos espaços físicos para uma imediata e facilitada gestão. Quando a capacidade das superfícies lisas se esgotou, em aumento da quantidade de vendas a controlar, migramos, naturalmente, para soluções online: sem, jamais, deixar de valorizar a organização visual.

Em exemplo da vida real, chegamos a ter uma parede inteira dedicada ao gerenciamento visual de laudos diagnósticos: nas colunas, tínhamos os estados dos exames médicos (em evolução, até sua liberação final), e, nas linhas, tínhamos os dias de trabalho descontados até o prazo final prometido ao paciente; assim, não só sabíamos a situação atual de qualquer exame, bem como sabíamos projetar as capacidades dos times para os próximos dias (em antecipação do volume de trabalho por vir)...tudo visual, de visão geral e sem muito investimento: atrasos ficavam bem destacados no rodapé da área vermelha; e, tal como um "game", os próprios médicos moviam seus acrílicos imantados da esquerda para a direita (ao final de cada procedimento), enquanto os administradores moviam os acrílicos de cima para baixo (ao final de cada dia de trabalho)...uma gestão com fluidez!

O Processo Mapeado

[semana 5] De cada Área de Conhecimento, lideranças elaboram listas de cerimônias regulares.

[cerimônias identificadas] Lideranças mantém listas de cerimônias atualizadas em sistema de lembretes automáticos.

[cerimônias configuradas] Lideranças controlam entregáveis esperados em solução de gerenciamento visual.

[cerimônias gerenciadas] Lideranças monitoram aderência e treinamento à gestão das cerimônias.

Semana 6: Gestão Por Processos

"Ponha isso lá, mesmo que pese uma tonelada. Foi o que o pai disse a seu filho mais novo. Eu não me importo que isso pese uma tonelada; enquanto eu e você estivermos aqui, ponha isso lá. Enquanto eu e você estivermos aqui, colocaremos isso lá." -- Paul McCartney , "Put It There"

Na sexta semana, vamos, então, inaugurar nossos **ciclos de melhoria**!

Das cerimônias já estabelecidas na semana (capítulo) anterior, TODAS devem gerar próximos **planos de ação**.

Acredito em empresas completamente orientadas a planos de ação: todo investimento de recursos deve sempre buscar qual será a próxima implementação, quem será o responsável e como estimaremos o prazo previsto de tal conclusão.

Com isso, tornamos os processos da gestão da empresa cada vez mais ágeis, claros e objetivos.

Afinal, gestão nada mais é do que obter resultados com recursos limitados; e processos são simples sequências de atividades. Atividades que podem ser, então, decompostas em uma ou mais tarefas e que visam responder as perguntas listadas abaixo.

Quem faz? (atores ou papeis)

Quando faz? (disparo inicial)

Como faz? (descrições das atividades)

Com o que faz? (ferramentas)

O que faz? (produtos do trabalho)

Para quem faz? (comunicação)

O que não faz? (riscos)

Por que faz? (indicadores)

Quando para de fazer? (conexão final)

À princípio, parece simples; mas só à princípio, pois precisei até escrever todo um outro livro dedicado somente a isso! (risos)

"Diga o que faz, faça o que disse e prove que fez": talvez esse seja o mais simples entendimento da nossa gestão por processos.

O Controle dos Processos

Se todas as cerimônias devem colaborar planos de ação para a melhoria contínua da empresa, há o grande desafio sobre como organizar e manter monitoração sobre todo esse enorme conjunto (conforme se espera).

Confesso que, a cada ano, ainda busco inovações e minhas próprias otimizações para esse tema.

Com a natural evolução de uma ampla cultura por processos é, realmente, difícil evidenciar, listar ou quantificar tudo o que está em jogo, em andamento: fica, realmente, muito contínuo...o que não deixa de ser um "grato problema"!

A solução recai sobre se ter um **sistema de gerenciamento de tarefas** (em inglês, *"issue tracking system"*), com cada "questão" sendo individualmente associada a um "ticket" a resolver.

Mas, até a ideia de se ter um bom sistema, com registros de todas as iniciativas de melhoria de todos os times da empresa, introduz certa lentidão e burocracia no fluxo de um gerenciamento realmente ágil.

A debatida "Expansão Horizontal do Organograma" ajudará muito, aqui, na escolha da melhor "granularidade" a monitorar, em objetivos táticos e estratégicos de cada escopo de atuação e adequado gerenciamento dos avanços operacionais diários...numa busca de equilíbrio entre agilidade pragmática e evidência formal.

Escola Piloto de Processos de Negócio

O poder dos processos está sempre em seu resultado de maior eficiência da execução!

Todos conhecemos exemplos de cenários de muita imprevisibilidade, de fraco controle, de uma postura sempre reativa e de muito retrabalho, retrabalho e mais retrabalho.

E retrabalho envolve desperdício, envolve perdas de tempo, de material, de dinheiro e de satisfação. Retrabalho é, enfim, venenoso!

Com criatividade, os processos buscam, então, identificar os erros, corrigir os defeitos e alinhar os esforços; o quanto antes, o mais breve possível. Processos favorecem a fazer o "**certo da primeira vez**"!

É um trabalho persistente e meticuloso; de coser, costurar, enfileirar os objetivos de negócios, mapear seus processos, e mapeá-los novamente, em constante otimização, formando, então, um dinâmico corpo de conhecimento na organização.

Na prática, quando houver a ocorrência de um próximo e inevitável erro em sua empresa, não saia esbravejando em busca do culpado: apenas respire e busque o referido mapeamento do processo em questão, revise sua leitura e inicie um coletivo debate desse erro...tudo sempre com base no processo!

E, para evolução dessa gestão do conhecimento, lance mão de uma nova cerimônia regular de sessões de aprendizado dos processos de negócio; a minha, eu batizei de "Escola Piloto de Processos de Negócio"!

É um trabalho, sim, de mentoria e fortemente patrocinado pela diretoria; com vários resultados positivos: priorizar processos que requerem maior atenção, manter amplo portifólio de processos de negócio atualizado, apoiar o programa de formação de lideranças, renovar representantes do "Grupo de Processos" e promover a comunicação e a ampla cultura por processos.

Processo para a Melhoria dos Processos

Com uma sólida cerimônia (exemplo da Escola Piloto de Processos de Negócio) e uma monitoração adequada (atenção ao painel de controle dos processos), basta publicarmos nosso "meta processo", para uma bem sucedida "Semana 6".

Ou seja, o processo que cuidará dos demais processos, um processo para estabelecer a melhoria dos demais processos!

Abaixo, apenas um exemplo desse processo padrão, a ser livremente adaptado, apresentado em sua descrição textual (ainda não traduzido em desenhos de fluxogramas).

[ocorrência de evento, incidente ou problema] Dono do Processo da Gestão Por Processos identifica a área de conhecimento associada.

[processo identificado] Dono do Processo da Gestão Por Processos registra evento, incidente ou problema associado.

[melhoria registrada] Dono do Processo da Gestão Por Processos escalona planos de ação do evento, incidente ou problema para aprovação.

[melhoria aprovada] Responsáveis pelas melhorias alocam colaboradores para execução.

[melhoria implementada] Dono do Processo da Gestão Por Processos revisa o impacto sobre o processo de negócio mapeado.

[processo atualizado] Dono do Processo da Gestão Por Processos comunica nova versão do processo.

[processo publicado] Dono do Processo para Plano de Treinamento controla a melhoria.

[melhoria contínua] Dono do Processo da Gestão Por Processos monitora novas ocorrências de eventos, incidentes ou problemas.

Micro, Pequena, Média, Grande ou Online

Observe, por um instante, a mentalidade do amador, que costuma seguir pela contratação dos melhores profissionais, pela aquisição das melhores ferramentas e por deixá-los todos livres, sem qualquer incômodo.

Será ?

(risos)

Perceba, entretanto, que a verdadeira marca do melhor profissional está em reconhecer que tal condição milagrosa simplesmente não existe, nunca existiu ou jamais existirá!

Assim, disse o engenheiro de software Grady Booch[1]!

Processos sempre existem e estão por todo lugar. Por vezes, não tão explícitos; outras, mais imprevisíveis, reativos ou de fraco controle.

Não reconheço qualquer execução que não esteja baseada numa prévia definição: como acabei de dizer, seria muito imprevisível e amador; seria aceitar o "nível 0" da capacidade e maturidade.

Assim, por favor, também não aceitem repetir, no coletivo ambiente profissional, o que só se aceitaria fazer num individual ambiente doméstico...

---

[1]https://pt.wikipedia.org/wiki/Grady_Booch

Executar, sem definir, é um enorme desperdício de muitos recursos; e, por consequência, um grosseiro erro de gestão.

Com a Gestão Por Processos, resolvemos:

- o mapeamento das atividades do negócio;
- os responsáveis pela execução das atividades;
- as entregas e o ritmo dos produtos de trabalho;
- a gestão da comunicação entre os interessados;
- a garantia e o controle da qualidade;
- a mitigação dos riscos operacionais;
- o escalonamento das questões e os melhores relacionamentos e
- a solução automatizada dos maduros processos de negócio.

E isso vale para qualquer empreendimento: seja micro, pequeno, médio, grande ou online!

Quem eu era antes desse capítulo?

Em 2012, começamos uma nova gestão da empresa, orientada por processos; e, regularmente, realizávamos muitos treinamentos associados à desejada cultura.

Em 2016, já éramos uma das primeiras instituições de saúde, de todo o Brasil, a ser acreditada, em primeiro evento de auditoria externa da ONA[2] (Organização Nacional de Acreditação), como "Nível 3", de excelência em gestão!

Em 2018, decidi colocar minhas ideias à prova de mais pessoas: escrevi um livreto de menos de 50 páginas, uma peça de marketing para nossos principais clientes; explicando, resumidamente, nossa abordagem em gestão. Era uma pequena tiragem de cópias

---

[2]https://pt.wikipedia.org/wiki/Organiza%C3%A7%C3%A3o_Nacional_de_Acredita%C3%A7%C3%A3o

impressas, com alta qualidade de impressão, sem pretensões de outros formatos, sem preço de venda e com custos patrocinados pela própria empresa.

Na prática, tal livreto revelou um grato interesse por sua leitura, com novas cópias solicitadas pelos clientes e dúvidas retornadas em busca de mais conhecimento.

Enfim, eu não estava louco e minhas ideias foram aceitas, com grata receptividade, para além das fronteiras da organização que eu dirigia; mas ainda seguiam aprovadas por um público bem restrito e até conhecido.

Seguimos, então, mais confiantes em nossa cultura de processos e, entre 2019 e 2020, publiquei um livro completo, à venda na Amazon e em valorização da marca da empresa. Esse livro, "Gestão Por Processos Na Prática", chegou a ficar, por muitas semanas, em primeiro lugar de sua categoria "Gestão de Liderança": ei, mãe, eu tive um livro "best-seller"! ;-)

Além de gestor, passei a ser, também, **autor**.

O Processo Mapeado

[semana 6] Para cada evento da Gestão das Cerimônias, lideranças garantem a existência do mapeamento de processo associado.

[processos mapeados] Dono do Processo da Gestão Por Processos mantém o meta processo para a melhoria dos processos.

[processos gerenciados] Dono do Processo para Plano de Treinamento mantém a aderência aos processos.

[processos otimizados] Lideranças evoluem a estratégia do negócio, suportada pela excelência operacional.

Semana 7: Gestão de Documentos

"Eu apenas queira que você soubesse que essa criança brinca nesta roda e não teme o corte de novas feridas, pois tem a saúde que aprendeu com a vida. Eu apenas queria dizer, a todo mundo que me gosta, que hoje eu me gosto muito mais, porque me entendo muito mais também." -- Gonzaguinha , "Eu apenas queira que você soubesse"

Conforme visto, atividades em sequência descrevem os processos de negócio. E cada atividade resulta num novo estado ou numa nova situação de avanço de cada processo.

Temos, aqui, os produtos decorrentes da execução dessas atividades, em clara evidência do trabalho realizado. Os **produtos de trabalho** acabam, então, sendo referências para as entradas e saídas das atividades do processo.

Tais produtos de trabalho são percebidos como informações e arquivos que precisam ser gerenciados de forma a realizar a entrega do serviço, como "**itens de configuração**" que devem estar armazenados, versionados e controlados.

Constituímos, nessa semana 7, uma ampla e segura **Biblioteca de Ativos dos Processos Organizacionais**: um repositório para organizar e localizar os arquivos, disponibilizar sua consulta e recuperação.

É hora, então, de arrumarmos "almoxarifados" e "bibliotecas", separarmos o que é útil do que é inútil, estabelecermos a óbvia padronização, darmos visibilidade aos padrões, mantermos tudo limpo e disciplinadamente em ordem e criarmos regras para a organização dos diretórios, a divisão de suas pastas, a nomeação de seus documentos e o controle de todo o acesso, que facilitarão o desenvolvimento de qualquer próxima iniciativa para os resultados.

Sim, uma "blitz" de arrumação eletrônica e impressa!

Como?

Meu sugerido ponto de partida:

1) nomear um repositório de arquivos (ou documentos) para cada área de conhecimento da empresa;
2) e, dentro de cada repositório, estabelecer diretórios (ou pastas) para cada processo de negócio;
3) garantindo que, ali, estejam reunidos **todos** os modelos, guias, roteiros e produtos de trabalho, que orientam a execução de tal respectivo processo.

Já testei outros modelos, mas esse foi o que trouxe a grata sensação da energia renovada, conforme exemplo de implementação, abaixo.

[**repositório**, biblioteca de ativos organizacionais]

[**área de conhecimento** do negócio 1]

[**processo** de negócio 1]

[**mapeamento** do processo]

[**procedimentos operacionais** padrão]

[**indicadores e evidências** da melhoria contínua]

[**processo** de negócio 2]

[**mapeamento** do processo]

[**procedimentos operacionais** padrão]

[**indicadores e evidências** da melhoria contínua]

...

...

É enxuto e sustentável, com tudo em seu devido lugar e com um lugar para cada coisa! ;-)

Lista Mestra de Documentos

Pense numa lista de todos seus arquivos...

Quais são vistos todos os dias?

Quais que ninguém leu nunca mais?

Quantos você já não encontra?

Quantos você jogou fora?

Quantos você desistiu de criar?

Em quais você reconhece valor?

Quantos você nem consegue entender?

Parece canção (risos), mas são perguntas verdadeiras, que realmente importam, para uma saudável lista mestra de documentos!

É, sim, um trabalho de lapidação, de refinamento, de um pensamento mais "enxuto" (do inglês, "*lean*"): uma importante estratégia para uma gestão ágil do conhecimento.

Revise seus processos. Revise os resultados de seus processos. Revise aderências às políticas organizacionais. Revise o alinhamento com a Missão e Visão da empresa. Tudo alinhavado e costurado, conforme dito anteriormente.

Pretende-se, então, chegar num **Plano de Documentação**, que integre:

• os principais produtos de trabalho,

• suas respectivas áreas de conhecimento categorizadas,

• os responsáveis e os interessados por tais informações,

• os canais de comunicação utilizados e

• os lembretes para associadas cerimônias registradas em calendários e agendas;

de modo a manter todo esse conteúdo "vivo", atualizado e em constante movimento!

Definitivamente, a pior perda de tempo é a execução de algo que nunca precisava ter sido feito, que ninguém jamais se importará novamente; e, assim, tornam-se bobas burocracias em desuso...quantas você já teve que cometer??

Esse é o segredo!

Estações de Trabalho

Com o "**serviço de arquivos**" sistematicamente em ordem, a preocupação recai sobre as máquinas dos usuários, que ainda podem bagunçar e comprometer tal gestão dos documentos.

De modo semelhante, invista sobre o mapeamento de um "**portifólio de ferramentas eletrônicas**" e um "**roteiro de preparação das estações de trabalho**". Adicionalmente, monitore e controle o bom uso, através de regulares auditorias internas de Tecnologia da Informação.

A escolha das ferramentas eletrônicas que formarão seu portifólio deve, também, estar alinhada com a estratégia e os princípios da empresa. Senão, vejamos algumas breves questões/decisões associadas...

Há interesse pela existência do trabalho remoto?

Há interesse por exercer uma liderança remota?

Há interesse pela disponibilidade do suporte técnico remoto?

Há diferentes dispositivos eletrônicos a sincronizar e preservar?

Há extensos processos manuais a automatizar?

Há contingências planejadas para toda a infraestrutura de comunicação?

Há segurança implementada para dados sigilosos, senhas, autorizações de acesso e informações de emergência?

O que fazer em caso de perdas ou roubos de dispositivos móveis?

Há o interesse pela expansão geográfica do negócio em novas filiais?

Há exagerada dependência tecnológica por algum fabricante ou fornecedor?

Há exagerada dependência intelectual por algum específico colaborador?

É ainda natural agrupar o uso de algumas ferramentas eletrônicas a determinados cargos funcionais; afinal, nem todos usuários exigirão licenças de uso para todas as soluções de software...temos, aqui, um desejado acoplamento entre a gestão de pessoas e a gestão de documentos!

Daí, surge a necessidade de um roteiro para a configuração de cada tipo de estação de trabalho, em respeitosa preparação da máquina para o adequado uso. É sempre muito constrangedor receber um computador ”estranho” à execução de seus resultados esperados. E é sempre muito gentil perceber que houve correto cuidado, em antecedência.

Essas diferentes posturas dizem muito sobre a direção executiva. Faça, aqui, amplo uso de “checklists”, em auditáveis listas de verificação!

LGPD - Lei Geral de Proteção de Dados

O assunto é sério e, assim, seguem as **referências legais**, no Brasil:

• Lei Federal n. 12.965/2014 (Marco Civil da Internet); • Lei Federal n. 13.709/2018 (Lei de Proteção de Dados Pessoais); • Lei n° 13.787 (dispõe sobre a digitalização e a utilização de sistemas informatizados para a guarda, o armazenamento e o manuseio de prontuário de paciente).

Há de haver uma **Política de Proteção de Dados Pessoais e Privacidade**, orientando o comportamento desejado sobre como os dados pessoais são tratados pelos processos de negócio, em privacidade e proteção.

Há de se assegurar uma cultura da segurança dessas informações, em conformidade com princípios de legalidade, lealdade, transparência, integridade e confidencialidade.

Assim, estabeleça o texto que apresenta, explicitamente, quais são os dados pessoais coletados, qual o tratamento adotado pela empresa e, também, o objetivo da coleta desses dados. Oriente diretrizes para o armazenamento, compartilhamento e exclusão de dados pessoais; para o uso de "*cookies*[1]" e outras tecnologias de monitoramento.

Revise, então, sua Cadeia de Valor sob a ótica do **Fluxo Geral de Dados**:

• entrada de dados,

• processamento de dados,

• saída de dados e

• recuperação de dados.

Entenda que a Lei Geral de Proteção de Dados (LGPD) foi criada para determinar como as empresas devem tratar as informações pessoais de seus clientes; elaborada para dar mais controle desses dados aos seus titulares, em **segurança da informação**.

---

[1]https://pt.wikipedia.org/wiki/Cookie_(inform%C3%A1tica)

Micro, Pequena, Média, Grande ou Online

Conheci uma empresa, no RJ, que o prédio desabou e nenhum backup existia fora das instalações físicas...

Tive um chefe que versionava seus arquivos com sufixos _01, _02, _03 etc, ao final do respectivo mesmo nome...

Trabalhei numa empresa com enorme guarda de CDs e DVDs empoeirados, em um cofre blindado de difícil acesso...

Já perdi dados históricos em um HD externo corrompido...

Nem me lembro mais da última vez que usei meus pendrives ou quais dados relevantes ainda estão ali gravados...

Situações de problemas, certamente.

Mas consigo localizar, há anos, qualquer arquivo desejado em menos de 10 segundos, todo dia!

Cuido da manutenção da área de trabalho de meu computador, evitando uma tela cheia de atalhos, pastas e uma confusão visual de ícones.

Automaticamente, travo meu login ao levantar da mesa de trabalho.

Apenas exemplos de coisas simples, para que você, também, valorize sua Biblioteca de Ativos dos Processos Organizacionais, sua Lista Mestra de Documentos, seu Plano de Documentação, seu Portifólio de Ferramentas Eletrônicas e sua Estação de Trabalho.

Ok, nem tudo se aplica a empresas menores, mas é boa prática começar os bons hábitos o quanto antes: **o quanto antes** lhe fará uma enorme diferença!

Quem eu era antes desse capítulo?

Em experiência pessoal, nessa semana, a abordagem é muito pragmática, racional, sem maiores debates, exceções ou reflexões:

• todos os computadores são da empresa;

• todos os celulares são da empresa;

• condições de bloqueio às Informações em dispositivos móveis, no caso de perda ou furto, seguem previstas;

• a conexão de celulares pessoais é mantida em link internet independente (fora da rede corporativa);

• todas as ferramentas eletrônicas são da empresa;

• nenhum usuário administra a própria instalação de aplicações em sua máquina;

• ninguém se comunica, profissionalmente, através de plataformas pessoais;

• ninguém se comunica, pessoalmente, através de plataformas profissionais;

• qualquer comunicação externa deve conter algum superior imediato em cópia (ninguém fala em "sigilo" ou "em particular" em nome da empresa);

• todos os "itens de configuração" da empresa seguem no repositório da biblioteca de ativos;

• a biblioteca de ativos segue, automaticamente, versionada, sem requerer backups manuais;

• qualquer estação de trabalho pode ser restaurada sem a necessidade de backup ou aviso prévio ao usuário;

• quaisquer dispositivos externos (p.ex: *pen drives*, HDs) têm seu uso desestimulado, em regra de segurança;

• todos assinam o termo de bom uso das ferramentas eletrônicas, em Código de Conduta;

• auditorias dos registros de atividade ("*logs*") das máquinas são executadas em verificações semanais (mitigação de riscos);

• o descarte de documentos organizacionais é feito através do uso de picotadores de papel ou carimbo rotativo, para confidencialidade da informação.

Muita relação com a **Gestão de Riscos**, em Planos de Contingência e aplicações de uso crítico, não?!

Siga, você também, os passos acima. Poupe enormes e desnecessárias dores de cabeça. Não deixe a arrumação e a segurança de sua casa a cargo de seus filhos pequenos...

O Processo Mapeado

[semana 7] Dono do Processo da Gestão de Documentos configura repositório para a Biblioteca de Ativos Organizacionais.

[informações versionadas] Donos dos Processos evidenciam seus respectivos produtos de trabalho.

[informações gerenciadas] Dono do Processo da Gestão de Documentos controla Lista Mestra de Documentos.

[informações controladas] Dono do Processo da Gestão de Documentos comunica atualizações da Lista Mestra de Documentos.

[informações comunicadas] Dono do Processo da Gestão de Documentos audita dados pessoais.

[informações protegidas] Dono do Processo da Gestão de Documentos confirma aderência ao fluxo de dados.

Semana 8: Gestão de Resultados

"Se eu quiser falar com Deus, tenho que me aventurar. Tenho que subir aos céus, sem cordas pra segurar. Tenho que dizer adeus, dar as costas, caminhar decidido pela estrada; que, ao findar, vai dar em nada, nada, nada, nada, nada, nada, nada, nada, nada, nada, nada, nada, nada do que eu pensava encontrar." -- Gilberto Gil , "Se eu quiser falar com Deus"

Ao final do segundo mês, já há informações e dados suficientes para consolidarmos um gerenciamento dos **indicadores de desempenho** e resultados.

É aquela velha frase conhecida: aquilo que não se mede não é gerenciado; e isso é fato!

E, tal como os riscos: **meça o quanto antes.**

Dos processos de negócio já sob gestão, busque estabelecer quais metas de desempenho e resultado ali se aplicam, busque entender qual questão aquele processo elucida e resolve.

Pense em estabelecer um rol de indicadores de medição dentro das 4 perspectivas de um BSC (*"Balanced Scorecard*[1]"), para uma completa estratégia empresarial:

• **perspectiva financeira**: para sermos bem sucedidos financeiramente;

• **perspectiva dos clientes**: o que pretendemos fazer para alcançarmos mais clientes;

• **perspectiva dos processos internos**: para satisfazermos os processos de negócios nos quais devemos alcançar a excelência; e

---

[1]https://pt.wikipedia.org/wiki/Balanced_scorecard

• **perspectiva do aprendizado e crescimento**: para sustentarmos nossa capacidade de mudar e melhorar.

Nada de parecer complicado, complexo, custoso ou demorado demais: trabalhe objetivos "S.M.A.R.T.[2]": e**S**pecíficos, **M**ensuráveis, **A**lcançáveis, **R**ealistas e em **T**empo.

Isso iniciará seu **Plano de Medição**, em uma estrutura que seguirá um contínuo "projeto de melhoria": tal como o termo em inglês "bootstrapping[3]", lhe servirá como um pontapé inicial rumo à **Gestão Por Objetivos**[4], sem maiores dependências externas e em ágil simplificação.

Daí, é seguir pelo ritmo da frequência de coleta de dados definida, pela etapa da análise gráfica e, então, por novos planos de ação; que poderão provocar necessárias adaptações em suas gestões de riscos e dos processos.

Na prática, o interesse e a curiosidade dos funcionários em saber quais os valores atingidos no mês (se melhoraram ou se pioraram) é o que validará quais metas são as que realmente importam monitorar!

Definições para Resultados

Assim, inicie a organização de seu **Relatório de Medição Organizacional** pelo cabeçalho do documento a compartilhar.

Para cada indicador nomeado...

Explicite qual questão buscamos elucidar e qual situação desejamos alcançar.

Associe qual mapeamento de processo de negócio se relaciona com tal medição.

---

[2]https://en.wikipedia.org/wiki/SMART_criteria
[3]https://pt.wikipedia.org/wiki/Bootstrapping
[4]https://www.amazon.com.br/dp/B0BQX49SH9

E, para melhor entendimento dos riscos, descreva quais os prejuízos resultantes de uma execução de baixa qualidade. Se possível, traduza tais prejuízos em custos monetários: afinal, dinheiro é uma unidade que todos entendem melhor, fisicamente.

Não se esqueça: **processos, riscos e indicadores andam sempre juntos!** No mapeamento do processo, associe riscos e indicadores. Na gestão dos riscos, associe processos e indicadores. E, aqui, na medição de indicadores, associe processos e riscos.

Uma dica de gestão integrada...

Medidas para Resultados

Há importantes estratégias a considerar para a **coleta dos dados**; por exemplo...

Será automática ou manual?

A frequência será, mesmo, mensal?

Quantas amostras conseguiremos coletar dentro da frequência definida? Tal amostragem será representativa em sua quantidade?

O tipo de dado envolvido é um valor contínuo, uma contagem numérica ou uma classificação categorizada?

Qual a origem desses dados? Como duas pessoas conseguirão precisar a mesma coleta? Quais procedimentos devem estar descritos em plena orientação?

Daí, com o conjunto de dados reunidos, é importante seguir para uma **mínima estatística descritiva**...

Devemos planejar, antecipadamente, então: qual a meta (*setpoint*), qual o limite inferior aceito e qual o limite superior aceito.

Devemos consolidar, a cada rodada: qual a média obtida, qual o valor mínimo obtido e qual o valor máximo obtido.

Sempre observando aderência às unidades de medida!

Parâmetros...

Análises para Resultados

Importante, agora, manter o acúmulo dos dados historicamente, ao longo dos meses, de modo a facilitar a observação de qualquer tendência no comportamento dos indicadores coletados.

Tal análise é sempre facilitada por plotar gráficos e seus tipos mais comuns envolvem histogramas, gráficos de tendência ou gráficos de barras.

Nem todos colaboradores terão, no início, a percepção para um imediato entendimento dessas curvas, suas inflexões, projeções ou debate sobre a estabilidade da variável sob limites; mas só no início: é gratificante como tal linguagem é facilmente absorvida e incorporada na comunicação regular.

Julgo importante não estender demais os elementos tanto da estatística descritiva, como da análise gráfica: se todos, todos, souberem o básico desses componentes já será bem mais enriquecedor do que somente alguns deterem os conhecimentos mais avançados.

Aos poucos, a gente vai introduzindo novos termos (coeficientes angulares, correlações lineares, desvios padrão) e valorizando ainda mais a Matemática!

Por isso, também não sobrecarregue um excesso de conhecidas ferramentas da qualidade: para complementar a análise gráfica, o breve questionamento dos cinco porquês[5] encadeados já nos levará ao entendimento de qualquer causa raiz.

Por quê?

Por quê?

---

[5]https://pt.wikipedia.org/wiki/5WH

Por quê?

Por quê?

Por quê?

Crianças já sabem que nenhuma dúvida resiste a uma sequência de cinco porquês! (risos)

Melhorias e Controles para Resultados

Perceba que, em medição, a colaboração também desempenha papel fundamental!

O objetivo final desse relatório sempre estará em sua capacidade de comunicar os resultados e envolver uma crescente participação coletiva.

Lembre-se de criar e manter "documentos vivos"!

A melhoria sempre virá dos planos de ação: com prazos, responsáveis e situações controladas...até a próxima revisão mensal!

Como exercício, questione tanto o "o que faz piorar" determinado indicador, como "o que faz melhorar": siga o exemplo do lucro, que pode melhorar pelo aumento das receitas ou pela redução dos custos...ambos caminhos são válidos!

Na prática, já vi projetos de melhoria de muitas e muitas páginas, muito esforço, muita formalização, muito rigor acadêmico; mas com premissas (requisitos fortes) muito, muito erradas ou conclusões muito, muito precipitadas...apenas para validar vaidades pessoais e chamar a atenção pela quantidade de páginas.

Sugiro, então, a reflexão sobre uma abordagem mais essencial e de muita repetição, agregando mais pessoas a esse raciocínio e dando tempo para "decantar" o entendimento do real comportamento histórico, para melhor precisar as projeções futuras.

Teremos, assim, um sistema de controle estatístico mais natural, mais leve e mais enxuto, com processos robustos e continuamente monitorados, "conforme queríamos demonstrar" (C.Q.D.).

OKRs e KPIs

Hoje, é muito comum o uso da sigla, em inglês, "**OKRs**" (*Objectives and Key Results*; Objetivos e Resultados-Chave): "onde eu quero chegar?" e "como saberei se estou chegando lá?".

E de "**KPIs**" (*Key Performance Indicators*; indicadores-chave de desempenho), em complemento à medição e análise dos objetivos e principais resultados.

Penso nos OKRs como projetos multidisciplinares e estratégicos de melhoria, com início, meio e fim.

Penso nos KPIs como uma medição contínua do negócio, em indicadores obrigatórios do desempenho e independentes de OKRs, para a sobrevivência e o sucesso do empreendimento.

Um **sistema de gestão de metas**, acompanhado de uma **medição do desempenho**: isso são OKRs e KPIs!

Objetivos, metas, estratégias e medidas, em suas palavras-chave.

"Objetivo" representa "**O quê?**" e "Principal Resultado" ("**Key Result**") é o "**Como?**".

Do formato da declaração padrão:

"Meu objetivo é [...], medido através de [...]".

Na força do conjunto "KPIs + OKRs", a demonstração da medição dos indicadores será fortemente impulsionada quanto tiver seus objetivos associados: o trabalho dos *"KPIs"* funcionará melhor quando amadurecidos pelos *"OKRs"*.

Mas, em plena conclusão, além do "O quê?" e do "Como?", a cola que unirá tudo sempre será o "**Por quê?**"!

Micro, Pequena, Média, Grande ou Online

Da equação "Problema + Reflexão = Progresso", me faça pensar, mas não me repita sempre o mesmo a fazer.

Pense, assim, na Gestão Por Objetivos como uma proposta de análise de problemas (não em uma mesma "receita de bolo" formatada), orientada à evidência dos números.

Números!

Números que:

• sustentem suas declarações de Missão e Visão em ações;

• adaptem seu Modelo de Negócio a partir dos objetivos esperados, abraçando novos cenários internos e externos;

• relacionem os objetivos com valores, clientes, relacionamentos, comunicações, atividades, recursos, parcerias, custos e receitas;

• esclareçam, perfeitamente, "como se ganha dinheiro por aqui";

• demonstrem, claramente, a evolução histórica do curto, médio e longo prazos;

• alinhem objetivos pessoais dos indivíduos com iniciativas estratégicas da empresa;

• e convidem todos à colaboração e ao reconhecimento profissional.

O problema é que confrontar números exige coragem, uma vez que qualquer subjetividade já terá sido eliminada...

...e muitos optam pela ilusão de suas projeções românticas ou inventadas teorias da conspiração! (risos)

Na prática, como administrar qualquer empresa (micro, pequena, média, grande ou online)?

Números acima!

Quem eu era antes desse capítulo?

Cheguei a considerar a formação *Six Sigma*[6] *Black Belt*, em mais uma certificação profissional.

Cheguei a treinar funcionários na formação *Six Sigma Green Belt*.

Mas me assustei com o rigor da execução do modelo; que, certamente, não foi conduzido por nenhum CEO, sócio, dono ou fundador...

Por um óbvio motivo: simplesmente, não dá para comprar licenças comerciais do Minitab[7] para todos gerentes da empresa! (risos)

Nem sei por que tanta ênfase no Minitab?

E por que tantas seções e páginas para apresentar uma única análise de caso?

Talvez, essa seja minha maior crítica e de mais difícil contorno à maneira como o modelo é ensinado nas escolas de negócio: a gestão do problema sob estudo é de longo planejamento, utiliza fases sequenciais, pouco se importa com os custos do desenvolvimento da futura solução e pouco percebe as naturais mudanças de escopo, durante o avanço de um cronograma fixo...isso não é nada ágil!

E, por não ser ágil, quando o projeto é finalmente apresentado, ele já não mais representa a realidade do problema atual. A metodologia se move, assim, em apenas uma direção; e, quando uma etapa é inteiramente concluída, a opção de voltar atrás e refazer parte do trabalho implica em custos bem elevados. A conceituação inicial clama por detalhes específicos que, na maior parte dos projetos de melhoria, ainda não se conhece.

Não entendi, na época, e ainda não entendo, hoje: me desculpem, não é por mal.

---

[6]https://pt.wikipedia.org/wiki/Seis_Sigma
[7]https://pt.wikipedia.org/wiki/Minitab

Me questionei se aquele modelo consideraria quantas análises de caso teriam quer ser rodadas em um mês, em uma semana, mantendo o Escritório da Qualidade lucrativo; quantos colaboradores a empresa precisaria disponibilizar etc.

Revisei alguns trabalhos apresentados e aprovados pela banca de certificação: a maioria com premissas falsas ou incertas (limitadas desde o início), que geraram muitas folhas para se jogar fora e que tomaram muito tempo de seus autores: **os exemplos da sala de aula são sempre muito ingênuos**, quando confrontados com a realidade, que oferece muita pressão.

Engraçado que, sim, eu gosto da abordagem DMAIC (*Define, Measure, Analyze, Improve, Control*); mas é difícil avançar em estudos quando há uma "briga pessoal com o enunciado": continuo achando que dá para encaixá-la numa única folha A4 e com mais repetições em curtos intervalos (todo mês)...daí, tudo passa a ser elucidado com mais naturalidade: com respeito ao tempo, com real aprendizado e com comprovada melhoria contínua.

"Não apresse o rio, ele corre sozinho" (Barry Stevens[8]).

O Processo Mapeado

[semana 8] Estabelecer o amplo compromisso com a Gestão Por Objetivos.

[iniciação] Planejar a medição da Gestão Por Objetivos.

[planejamento] Executar a medição da Gestão Por Objetivos.

[desenvolvimento] Avaliar a medição e a comunicação da Gestão Por Objetivos.

[controle] Manter a melhoria contínua da Gestão Por Objetivos.

---

[8]https://en.wikipedia.org/wiki/Barry_Stevens_(therapist)

MÊS 3 "GESTÃO FINANCEIRA"

- Semana 9: Gestão das Receitas
- Semana 10: Gestão dos Custos
- Semana 11: Contabilidade Executiva
- Semana 12: Gestão do Relacionamento

Repetindo o "mantra": todo negócio é um sistema de processos que faz dinheiro.

E, em nossa estratégia de gestão integrada em 100 dias, as finanças foram colocadas exatamente na metade do período, traduzindo um desejado equilíbrio entre os esforços dos meses anteriores e dos meses posteriores.

Brevemente, já introduzimos esse tema: quando tratamos de "Capturar Valor", na semana 2, do "Modelo de Negócio".

Mas, agora, pretendemos avançar nosso "Plano de Negócio".

Sim, modelos e planos são coisas diferentes; e isso me causou dúvidas e desconfortos durante muito tempo. Acho que a confusão começava pela pouca atenção dada ao entendimento dos substantivos que representam cada diferente documento.

Todo **modelo** é uma representação ou uma interpretação simplificada da realidade. **Plano** é a abreviação da palavra "planejamento"; e, assim, avalia e constrói o caminho de onde estamos para onde queremos ir; ou seja, trata de ações!

Enfim, hoje entendo que modelos são estáticos e planos são dinâmicos...o que me trouxe enorme segurança para atuação nesses conceitos complementares. O plano é, afinal, ativo como um "GPS".

Poderia, ainda, resumir que **o plano é o lado racional do modelo.** ;-)

E, nessa direção, seguiremos evoluindo as informações financeiras já modeladas; para mais concretas ações, funcionalidades, testes, monitorações e melhorias...avante!

Semana 9: Gestão das Receitas

"As melhores coisas da vida são de graça, mas você pode deixá-las para os pássaros e abelhas: agora, me dê dinheiro; isso é o que eu preciso." -- The Beatles, "Money"

Bora colocar nosso "**Ciclo de Rendimentos**" para rodar!

Sim, toda gestão financeira é cíclica e, se ao início desse mês 3, nossa gestão ainda tropeça e tem momentos de interrupção, a proposta é, agora, colocá-la em fluidez, em ritmo.

A matemática é até simples: o lucro é sempre o resultado da subtração de receitas menos custos e despesas; e, mesmo já tendo modelado os produtos e serviços que nos trarão receitas, isso não quer dizer que o dinheiro estará, automaticamente, no saldo da conta corrente bancária, ao final de cada mês...embora, esse seja nosso direto objetivo.

Precisamos, então, garantir um olhar mais cuidadoso às finanças e entender seus processos.

Seja para receitas, seja para custos e despesas, acredito nas seções abaixo, que melhor explicam suas respectivas atividades e recursos.

Planejamento de Receitas

Da modelagem das receitas, vamos evoluir para o planejamento dessas receitas.

Dentro de cada produto ou serviço anotado no modelo de negócio, sempre há um necessário detalhamento inicial dos procedimentos ali contidos e que são do real escopo de atuação de sua organização.

Ou seja, a simples nomeação de um produto ou serviço não esclarece, para ninguém (cliente externo ou colaborador interno), o claro entendimento do que é, ou não, realizado.

Daí, surge um primeiro artefato, um primeiro produto de trabalho, da evolução de nosso plano: uma "Lista de Procedimentos".

Essa "Lista de Procedimentos" deve, então, constituir seu direto **portifólio de produtos ou serviços**; um "catálogo" a ser muito bem cuidado.

E acredite: mesmo que uma empresa não mude sua oferta de produtos ou serviços, é muito comum que aconteçam alterações em seus procedimentos listados, a cada revisão do planejamento estratégico organizacional.

Sem tal lista, é também costume que sejam vendidos, inventados ou prometidos produtos e serviços que ninguém saberá precificar, executar ou gerenciar a contento e em conjunto.

Assim, valorize essa lista, como condição mínima para sua gestão do portifólio, pois ela também sustentará os valores mapeados de interesse dos clientes, em alinhamento com seus objetivos: todos esses pontos de vista devem se cruzar e, por isso, viabilizam uma condição de sucesso para o recebimento de receitas!

A partir da "Lista de Procedimentos", já fica mais fácil, e natural, seguir para a "Tabela de Preços"!

...embora eu goste mais do nome completo: "Tabela de Preços e Prazos"!

A qualidade não se discute: você já percebeu, desde o início do livro, que ela é um requisito forte, que norteia toda a gestão aqui oferecida.

De maneira justa, nos resta ajeitar os preços e os prazos; por que "ajustar a qualidade" não tem cabimento, para um desejado serviço ou produto de excelência.

O lucro, pela redução da qualidade, me parece uma vergonha...

Também não compactuo com preços maiores para situações de maior urgência e emergência: é estranho pagar mais caro, por exemplo, porque algo cstá doendo mais, insuportavelmente, e você precisou ser atendido com prontidão, não?

Antecipar prazos planejados, em função de urgências e emergências, não aumenta o preço: devem ser percebidos apenas como critérios técnicos, já previstos no nível de serviço negociado...talvez, até, como parte da Missão de sua empresa!

Prazos seguem, então, uma estratégia de agilidade da empresa, da capacidade de realizar o "certo da primeira vez", de minimizar perdas por erros internos e retrabalhos e de manter o ritmo e a disciplina das entregas acordadas...tudo sob a regência dos processos de negócio treinados.

Preços seguem alguma "**memória de cálculo**" para a precificação: há de haver uma planilha que detalhe os custos, diretos e indiretos, de cada produto ou serviço. Tal cálculo lhe garantirá, ao menos, um entendimento sobre o custo mínimo de cada entrega, a partir do qual você poderá somar margens de segurança e/ou lucro.

Vale notar, sobre preços, que, independentemente dos custos de cada empreendimento individual, muitos setores e conselhos de classe já dispõe de alguma tabela aprovada para orientar a cobrança da prestação do serviço; tal como um acordo coletivo da categoria profissional...vale sempre consultar a existência dessas tabelas e classificações!

Objetivamente, conhecendo nossos procedimentos, custos, preços e prazos, poderemos avançar para a negociação dos **contratos**.

É importante que haja, sempre à mão, um modelo padrão para formalizar os acordos sobre serviços ou produtos. De preferência, em formato digital e gerenciado por alguma ferramenta de assinatura eletrônica com validade jurídica.

Acredito que devemos sempre buscar um modelo de fácil legibilidade pelos clientes, de muita clareza; embora seja inevitável a revisão, por um advogado, da aderência necessária a questões conhecidas (regularidades, direitos, deveres, vigências, rescisões, atrasos, garantias, multas, condições de saída etc).

A redação de um modelo de contrato diz muito sobre a veracidade daquilo que foi cordialmente conversado ao telefone ou em reuniões; por isso, muitos clientes apreciam tal leitura já num primeiro instante: somente não mude de tom ao mudar o canal de comunicação.

E, ainda nesse planejamento inicial das receitas, precisamos nos certificar de que há responsáveis treinados sobre o **Processo de Contas a Receber**, considerando, por exemplo:

• lista de clientes a faturar,

• calendário de faturamento,

• formas de pagamento,

• confirmações de pagamento,

• informações de contato dos clientes,

• informações de contato financeiro dos clientes,

• informações para emissão de notas fiscais,

• padrão de descrição (do serviço ou produto) para notas fiscais,

• condições especiais de pagamento,

• aprovação de descontos,

• evidências do faturamento e

• comunicações para a contabilidade.

Ok, já podemos imaginar, então, que há chances do dinheiro vir a cair na conta... ;-)

Rotina Financeira

A implantação do Plano de Receitas envolve, concretamente, realizar as vendas!

E, para cada venda realizada, tenha o cuidado sobre a redação do **registro das informações** de venda; por exemplo:

• nome,

• documentos pessoais,

• sexo,

• data de nascimento,

• descrição do material,

• forma de pagamento,

• forma de envio,

• data prometida e

• canais de comunicação.

Algum tipo de **protocolo de atendimento** da venda, do serviço ou produto, sempre evidenciará o compromisso estabelecido entre ambas as partes e é uma boa prática de comprometimento e transparência ao nível de serviço acordado.

Também não convém deixar **autorizações de valores** a receber pendentes: em atraso ou acúmulo.

Esse "banho de rua", da execução do planejamento na vida real, servirá para identificar as melhorias necessárias e nos aproximará, diariamente, da gestão do relacionamento financeiro com o cliente.

Controladoria

Mas não há como limitar qualquer processo somente ao planejamento e à execução: há sempre de haver uma monitoração, em contrapartida.

• Planejamento,

• Execução, • Controle e Monitoração.

E isso não é exceção na gestão das receitas, sobre a qual precisamos trabalhar uma simultânea controladoria financeira.

Por controladoria entenda a manutenção desse Ciclo de Rendimentos modelado, a análise de seu fluxo e a interpretação de seus resultados...um trabalho mais executivo do que operacional.

Assim, lançaremos mão de **auditorias internas de cobrança, indicadores de desempenho financeiro** e um **processo de contabilidade gerencial.**

Nas auditorias internas, buscam-se as conciliações bancárias e contábeis; ou seja, nas receitas, que todo faturamento emitido seja confirmado na conta corrente, com seus devidos impostos recolhidos; o extrato do banco deve seguir conciliado com seu sistema financeiro e com sua contabilidade.

Tal regular conciliação irá refletir nos indicadores de desempenho associados, com importantes resultados esperados para:

• o lucro,

• o índice de captura das cobranças (valores faturados VS valores recebidos),

• eventual inadimplência nas receitas e

• o perigoso envelhecimento dos valores a receber (que vai sendo esquecido e aceito com o tempo).

O processo de contabilidade gerencial deve, então, favorecer essa monitoração de recebíveis e a rastreabilidade de quaisquer atrasos ou glosas.

A baixa qualidade desse processo permitirá que faturamentos sejam emitidos com erros e que o dinheiro não retorne mais à empresa.

Micro, Pequena, Média, Grande ou Online

Ok, eu concordo: gerenciar R$ 10.000, em receitas, é bem diferente de gerenciar R$ 100.000, que é bem diferente de gerenciar R$ 1.000.000; por mês.

E o esforço gerencial para capturar essa soma de valores, em apenas quatro semanas, consecutivamente, também é bem diferente: o tempo parece passar rápido demais (frente aos impedimentos)!

Assim, não há o menor sentido em comparar a gestão financeira doméstica, de sua conta corrente, com a gestão financeira corporativa, de várias contas bancárias da pessoa jurídica: são ordens de grandeza completamente diferentes.

Entretanto, acostume-se que há semelhanças no caminho: erros sempre custarão dinheiro, em um proporcional prejuízo.

Uma conta pessoal bem organizada, acostumada a projeções futuras, balanceando orçamento, giro e reservas, lhe facilitará a transição para uma gestão financeira mais profissional...porque assumir compromissos e riscos fazem parte de ambas realidades.

Por isso, não se prenda, tanto, aos números absolutos: raciocine melhor em suas porcentagens.

Aceite que a micro empresa lhe incentivará a desenvolver um melhor controle financeiro pessoal.

Ao se perceber como pequena empresa, já deverão existir alguns incômodos financeiros que precisarão ser sistematizados, em novo avanço de maturidade.

Uma média empresa precisa, realmente, de maior capacidade atribuída a seu Ciclo de Rendimentos e à sua equipe.

A grande empresa precisará se esforçar para manter o mesmo grau de controle, minimizando as perdas do "dinheiro que escorre pelas mãos".

Micro, pequenas, médias ou grandes empresas podem ser físicas ou online.

Quem eu era antes desse capítulo?

O sucesso da semana 9 evolui com o tempo e se consolida num maduro **Relatório de Governança e Controladoria**.

Assim, incrementalmente, os indicadores de desempenho financeiro, amplamente comunicados na empresa, vão incorporando visões mais reservadas, do Conselho Administrativo, da ética nos negócios e de interesses societários.

Hoje, num dedicado documento executivo, reúno:

• balanço patrimonial;

• demonstração de resultados (DRE);

• demonstração do fluxo de caixa (capital de giro e reserva financeira);

• contas a pagar (endividamento);

• contas a receber (glosas ou atrasos);

• valores pagos por categoria de custo (orçamento do plano de contas);

• lista de procedimentos, preços e prazos;

- quantidade de procedimentos;
- receitas por fonte pagadora;
- receitas por tipo de procedimento;
- relatório de produção;
- ticket médio dos procedimentos;
- distribuição de clientes por adimplência e ticket médio;
- lucro;
- relatório de remuneração dos sócios;
- folha de pagamento;
- lista de equipamentos;
- certidões negativas da pessoa jurídica.

Um ativo organizacional de alto nível e de muito valor para a expansão dos negócios.

O Processo Mapeado

[novo ciclo de rendimentos] Instanciar lista de clientes a faturar.

[planejamento de receitas] Seguir envio de próximos faturamentos na ordem priorizada.

[planejamento de receitas] Gerar cada relatório de faturamento mensal a enviar.

[planejamento de receitas] Gerar nota fiscal de serviço.

[rotina financeira] Gerar boleto de cobrança registrado, se aplicável.

[rotina financeira] Gerar mensagens de comunicação do envio.

[rotina financeira] Registrar lançamento em sistema de controle financeiro.

[rotina financeira] Versionar faturamentos enviados por cliente e mês de envio.

[rotina financeira] Atualizar lançamentos recebidos em sistema financeiro.

[controladoria] Avaliar contato de monitoração da cobrança a receber.

[controladoria] Revisar completo envio de faturamentos do mês anterior.

Semana 10: Gestão dos Custos

"*Tudo bem estar um pouco quebrado; todo mundo está quebrado nesta vida. Você está bem, está tudo bem. É apenas a vida.*" -- Bon Jovi , "Everybody's Broken"

É verdade que nosso "Ciclo de Rendimentos" perde um pouco de velocidade, limitado pelos inevitáveis gastos. (risos)

Sim, o descontrole das despesas cresce muito, muito rápido, em qualquer breve perda de atenção.

Revisaremos, agora, de modo semelhante às receitas, as seções que melhor explicam os processos, as atividades e os recursos sob a perspectiva dos custos.

De qualquer modo, fica a dica básica, para todo esse capítulo: tenha sempre à mão as informações de contato direto com o gerente de sua conta bancária; preferencialmente: nome, telefone celular (com WhatsApp) e email...é certo de lhe ser útil! ;-)

E atenção: gerentes trocam a todo momento...

Plano de Contas

Vamos, então, revisitar nossas "**categorias de custos**", elencadas na semana 2, durante a modelagem do negócio.

É importante chegarmos numa lista de itens de "forte coesão", quase indivisíveis, "atômicos", de modo a obtermos uma adequada granularidade dessa lista de categorias de custos; que, assim, facilite a alocação individual do respectivo orçamento esperado.

Após a alocação de metas para cada categoria de custo, valide o somatório de todas essas despesas: é esperado que o total ainda seja inferior aos resultados esperados para as receitas, favorecendo o lucro!

Com categorias de custo e orçamentos aptos ao gerenciamento, começa o esforço da regular monitoração do desempenho financeiro; e, aqui, sistemas informatizados são ferramentas úteis para o disparo instantâneo de alertas, em acompanhamento da constante atualização de valores consolidados e valores previstos.

Tal monitoração pode ser ainda facilitada pela distribuição das categorias de custo por mais de um **centro de custo**. O objeto, aqui, é o de ampliar e descentralizar a responsabilidade pela aderência a cada respectivo orçamento: quanto mais lideranças envolvidas nesse acompanhamento, mais chances teremos para resultados satisfatórios.

É importante o entendimento dessa diferença entre categorias de custo e centros de custo: são estratégias diferentes, que, em algum momento, serão complementares ao controle do orçamento!

Uma simples e útil **medição mensal** está na contagem de quantas categorias se encaixaram no óbvio padrão de cores: "verde" (despesas dentro da meta), "laranja" (no limite da meta) e "vermelho" (acima da meta).

De qualquer modo, não se iluda: são comuns pequenos ajustes nessas metas, de meses em meses, de modo a corrigir expectativas ora muito conservadoras (sempre "verde"), ora muito arrojadas (sempre "vermelho"); talvez, o equilíbrio de um justo plano de contas esteja mais em tendência para o "laranja"!

Aquisição e Compras

"De grão em grão, a galinha enche o papo": ouvi essa frase (sob a ótica da redução de despesas) muitos anos antes de meu primeiro cargo gerencial, por um responsável de compras, em indústria multinacional.

Assim, toda economia é bem-vinda: muita atenção a seu processo de aquisição!

Quais os próximos itens a comprar?

Quais os próximos itens a vencer?

Quais as próximas compras a receber?

Quais compras seguem sem qualquer uso?

As questões acima são simples, mas deveriam compor "paineis" sempre ativos, de controle e monitoração: é fácil se perder em suas respostas...e estamos falando de perder dinheiro.

Todo gerenciamento de estoques e inventário é estratégico e requer um inevitável esforço!

De início, já há de haver informações para clara identificação das **empresas** fornecedoras (nome, CNPJ, telefone, endereço, certidões) e contatos de seus **fornecedores** (empresa, nome, telefone, email); preferencialmente, deve haver critérios objetivos, pré-estabelecidos para a **qualificação** desses fornecedores.

Há, ainda, a necessidade de se gerenciar as categorias de seus insumos e gerenciar as movimentações de um típico "**ciclo de vida**":

• solicitação de cotações comerciais,

• equalização das propostas recebidas,

• revisão do saldo mínimo a manter,

• aprovação gerencial para compra,

• formalização do pedido de compra,

• monitoração do envio,

• recebimento e conferência,

• comunicação da entrega,

• atualização do novo saldo,

• acompanhamento da taxa de consumo,

• alerta para a perda de validade.

A tentação por **automatizar o processo** ou fazer uso de alguma ferramenta eletrônica de apoio é imediata e, sim, desejável!

Afinal, revisar, planejar, solicitar, equalizar, aprovar, pedir, parcelar, pagar, acompanhar, receber, conferir, usar e descartar são atividades contínuas e cansativas, em qualquer indústria de atuação, quando se trata de aquisições e compras.

Se o custo é fixo, ou regular, ao longo de todo o ano, qualquer economia, numa boa negociação financeira, será projetada com um multiplicador de **12 vezes**...e isso faz muita diferença em qualquer orçamento!

"De grão em grão, a galinha enche o papo"...

Faça isso para cada evento de compra, para cada insumo, e perceberá um gratificante enxugamento de suas despesas: é um "preço" que vale à pena ser pago!

Custos dos Incidentes

Muitas vezes negligenciado, por sua natureza associada a uma cultura de gestão por processos e superior maturidade organizacional, as perdas financeiras causadas pelo **retrabalho** são absurdamente enormes!

Sem medo, numa rápida abstração, eu diria que a redução dos incidentes, tornando a execução dos processos de negócio "certa da primeira vez", garantiria o pagamento de dois salários anuais a cada funcionário, na iniciativa privada.

(pausa para séria reflexão)

Sim, ao invés de 13 salários por ano, poderia-se alcançar, com facilidade, 15 salários! E ainda com sobra de lucros a distribuir para os executivos.

Tenho certeza dessa conta. Em exercícios realistas, já obtive resultados mensais de 10% a 20% de perdas por retrabalho, em comparação ao valor total de uma Folha de Pagamento. Consigo, ainda, projetar perdas muito maiores, em diversas outras empresas conhecidas, que não dedicam atenção e não investem tanto em sua Garantia da Qualidade.

Segue meu convite para sua experimentação: eleja qualquer conjunto desejado (unidade, setor ou equipe), acople um rigoroso e independente controle da qualidade sobre tais processos de negócio mapeados, e, para cada incidente reportado ("erro interno" ou "erro externo"), atribua o custo monetário das respectivas perdas materiais e perdas de tempo (calculadas em valores de HH, homem-hora)...ao final, me diga sua porcentagem no mês (se tiver coragem)!

Como dito, é o famoso "dinheiro que escorre pelas mãos"...

A conclusão é óbvia e já antecipada: o trabalho mais caro é sempre o trabalho que nunca precisaria ter sido feito...pior, ainda, quando é feito mais de uma vez!

E a solução?

A solução está na busca da excelência em gestão, em melhoria contínua!

Fato: uma gestão superior está para as empresas, assim como o valor da educação está para os problemas de um país...não busque atalhos.

Mais uma motivação, então, para revisitarmos nossa anterior Semana 6 (processos).

Micro, Pequena, Média, Grande ou Online

Uma empresa pequena não tem CEO (do inglês, "*Chief Executive Officer*[1]"), nem CFO (do inglês, "*Chief Financial Officer*[2]") ou COO (do inglês, "*Chief Operating Officer*[3]").

Uma empresa pequena tem um fundador com vários "bonés" (papeis), que se alternam durante a semana de trabalho!

Já falamos, um pouco, sobre isso, na Semana 4, das "Equipes de Trabalho"; e falaremos, novamente, adiante, na Semana 16 "Gestão da Manutenção".

Essa maior complexidade hierárquica vem, naturalmente, com o aumento do porte das empresas.

Entretanto, é interessante observarmos por que muitos diretores financeiros se tornam diretores executivos, nas grandes corporações...

• Por se tratar de uma função executiva de alto nível, com grande impacto na direção da empresa.

• Por ser um liderança estabelecida, supervisionando todo um departamento.

• Pela comunicação eficaz, compartilhando o "porquê" das decisões e negociando com partes interessadas.

• Pela capacidade de inspirar, influenciar e motivar outros.

• Pela coragem, especialmente durante adversidades e crises.

Ou seja, **liderança**, **decisão**, **comunicação**, **negociação**, **influência** e **coragem** são atributos que orbitam o universo das finanças; eles têm relação direta com o dinheiro: saiba disso, pois lhe será importante, no avanço de sua empresa!

---

[1]https://pt.wikipedia.org/wiki/Diretor_executivo
[2]https://pt.wikipedia.org/wiki/Diretor_financeiro
[3]https://pt.wikipedia.org/wiki/Diretor_de_opera%C3%A7%C3%B5es

Quem eu era antes desse capítulo?

Gastar é mais fácil do que ganhar; e o melhor questionamento, que orienta tal necessário controle, me parece ter vindo da cantora Rita Lee[4]: **"eu posso viver sem isso?"**.

É engraçado, mas tal pergunta é assertiva em eliminar aquisições por modismos ou ímpetos; focando no que realmente é necessário!

Quando experimentei minha primeira "semana 10", a empresa tinha R$ 2 em saldo momentâneo de sua conta corrente; e isso explica todo o esforço da trajetória construída, depois.

R$ 2...

Em 11 anos, multiplicamos a quantidade de vendas em 12 vezes!

Ou seja, passamos a vender, em 1 mês, o que, antes, vendíamos em 1 ano...uau! ;-)

"Apenas" investindo em qualidade e seguindo, exatamente, o que está apresentado em todos esses capítulos: essa é minha maior evidência da real entrega de valor.

Muitas vezes, espera-se a mágica, a complexidade desnecessária, o CEO da capa de revista, o "Salvador da Pátria", somente aceito se formado no exterior ou com MBAs e especializações acumuladas em série; mas dá, sim, para fazer muita coisa acontecer, na prática, com "somente" uma **clareza de ideias**...e é disso que trata o conjunto desse livro.

O Processo Mapeado

[pedido de compra] Reunir boleto e nota fiscal.

[pagamento verificado] Agendar pagamento em acordo com venci-mento.

---

[4]https://pt.wikipedia.org/wiki/Rita_Lee

[pagamento agendado] Registrar lançamento em sistema financeiro.

[pagamento registrado] Autorizar pagamento registrado.

[pagamento aprovado] Conciliar extrato bancário e sistema financeiro.

[pagamento confirmado] Consolidar relatórios de movimento contábil.

[pagamento comunicado] Projetar metas e próximos pagamentos.

[orçamento planejado] Atualizar orçamento (plano de contas).

[orçamento atualizado] Comunicar lançamentos por categoria e centros de custo.

[orçamento comunicado] Revisar ações de redução de custos.

[orçamento otimizado] Avaliar condições para distribuição de lucros.

[orçamento controlado] Comunicar conselho de sócios.

Semana 11: Contabilidade Executiva

"Carro novo, caviar, um sonho acordado de quatro estrelas, acho que comprarei um time de futebol para mim. Estou no grupo da primeira classe e da alta fidelidade, acho que eu preciso de um jatinho. Mas se você pedir um aumento, não é surpresa que eles não estejam dando nenhum." -- Pink Floyd , "Money"

Nesse "Mês 3", da Gestão Financeira, com o Ciclo de Rendimentos em movimento, contas a receber e contas a pagar, o próximo passo, natural, é garantir a organização de sua contabilidade.

Nem há tanto mistério assim: toda contabilidade reflete a sua habilidade em saber fazer contas! ;-)

Mas, certamente, há a necessidade da disciplina de muitas cerimônias a cumprir!

Já falamos sobre **cerimônias** na "Semana 5" e, aqui, agora, perceberemos mais detalhes desses eventos contábeis.

O bacana é notar que, mais uma vez, recorremos ao cruzamento de informações entre capítulos, e já é percebido o "gostinho" por uma **gestão integrada**, em nossa formação prática!

Movimento Contábil

Se algum dia alguém se interessar por adquirir sua empresa, ou se tornar um acionista de seu quadro societário, acredite que tudo tende a começar pelas informações preliminares abaixo, em retrospectiva dos 3 últimos anos contábeis.

- A **Demonstração de Resultados** do Exercício (DRE[1]), com evidência da receita operacional bruta consolidada.

- O **Balanço Patrimonial**, em satisfatória posição do capital próprio (ativo - passivo).

- A **Demonstração do Fluxo de Caixa**, em relatórios de acompanhamento executivo.

- O nível de **Endividamento**, com projeções dos lançamentos futuros a pagar, e os valores a receber em **Atrasos e Inadimplências**.

- O detalhamento da abertura de **Receitas por Fonte Pagadora** e **Receitas por Tipo de Produto/Serviço**.

- A evolução histórica da **Quantidade de Vendas** e o **Ticket Médio** dos Produtos/Serviços.

- O detalhamento dos **Custos** (com retorno financeiro), divididos entre custos fixos e custos variáveis.

- O detalhamento das **Despesas** (sem retorno financeiro), classificadas em despesas comerciais, administrativas ou gerais.

- A **Regra de Tributação** da empresa (simples, lucro presumido ou lucro real) e a última alteração do **Contrato Social**.

- As comprovações das diversas **Certidões Negativas de Débito** (CNDs).

Além dessas questões financeiras, ainda aparecerão, provavelmente, outras questões operacionais (p.ex.: relatório de produção, funcionários), institucionais (p.ex.: organograma, história) e de qualidade (p.ex.: certificações externas).

Importante, então, é perceber que tais informações devem estar "sempre à mão", prontamente atualizadas, conhecidas e participantes de sua estratégia: **em dia**!

Por isso, não negligencie as cerimônias que mantêm o movimento contábil em andamento.

---

[1]https://pt.wikipedia.org/wiki/Demonstra%C3%A7%C3%A3o_do_resultado_do_exerc%C3%ADcio

Todo mês, alimente sua contabilidade do relatório de valores recebidos (e respectivas notas fiscais), do relatório de valores pagos (em respectivas categorias de custo) e dos extratos bancários (incluindo extratos de cartões de crédito).

Em seguida, mantenha o regular agendamento do retorno esperado de seu DRE consolidado do mês; e siga confiante para tal apresentação no Conselho Administrativo de sócios, em evidência de sua revisão da execução orçamentária, como CEO. ;-)

Não há outra melhor referência para orientar periódicas distribuições de lucro!

Folha de Pagamento

Conheça bem sua Folha de Pagamento!

Independente da maturidade ou da capacidade de seu setor de RH, a Folha de Pagamento sempre demandará sua especial atenção executiva.

Tal como o DRE, há de haver regularidade conhecida para eventos de: encaminhar informações para composição da próxima Folha de Pagamento (incluindo atualizações de horas extras, admissão, promoção, adiantamentos salariais, benefícios, férias e demissão), receber o retorno da Folha de Pagamento consolidada e, enfim, agendar seus pagamentos em tempo.

Qual funcionário não aprecia receber seu salário, regularmente, no primeiro dia útil de cada mês?!

E, no mesmo ciclo de um mês, me agradam, estrategicamente, as ideias de sempre rever ou projetar os aumentos de salários e de trabalhar os benefícios que melhor combatam o padrão habitual dos motivos de faltas na empresa.

Não convém esperar, passivamente, pelo próximo pedido de aumento do salário defasado; nem se conformar com ausências, atrasos ou falta de motivação...são vias de mão dupla!

Nesse sentido, vale, em complemento, uma cerimônia mais espaçada, anual ou semestral, de consultar respostas para um Programa de Saúde Ocupacional: simples como um formulário por email, com identificação das alterações e/ou doenças que o colaborador possua no momento.

São importantes informações de saúde, para o racional planejamento dos benefícios, e um belo novo indicador de desempenho e resultado.

Sim, **sua gestão financeira passa pelo conhecimento dos processos e das pessoas!**

Micro, Pequena, Média, Grande ou Online

"Não apresse o rio..."; oops, já usei essa frase antes!

Também já mencionei as semelhanças que aproximam diretores financeiros e diretores executivos.

O bacana é acreditar que essa contabilidade executiva é um processo que evolui naturalmente, ao longo do tempo, em uma complexidade muito mais suave do que se imagina: basta você se acostumar (e aceitar) a fazer contas desde sempre!

Toda contabilidade reflete a sua habilidade em saber fazer contas...

Desse modo, receitas, despesas, custos, lucro, vendas, ticket médio, fluxo de caixa, balanços, tributações e certidões passam a ser nomenclaturas às quais você vai se acostumando, aprendendo, perguntando, se familiarizando, sem temer.

Você não precisa ter a formação de um CFO (do termo apresentado, em inglês, "Chief Financial Officer[2]") para executar uma boa

---

[2]https://pt.wikipedia.org/wiki/Diretor_financeiro

contabilidade executiva!

Provavelmente, você nem contratará, tão cedo, um CFO...

Nenhuma "startup[3]" (em significado literal, "uma empresa emergente") começa ou precisa de um CFO: se assim acontece, é porque o risco da inovação está altíssimo e a queda pode ser bem dolorosa.

De qualquer modo, cuide-se bem, financeiramente!

Quem eu era antes desse capítulo?

Aqui, cabe um breve desabafo sobre **impostos**!

Não importa o tamanho de sua empresa: você vai pagar muitos impostos.

É garantido que se pague mais impostos ao governo do que se distribua lucros reais aos sócios...é garantido!

Daí, o consenso de que todo governo é o sócio majoritário de toda empresa privada: uma clara evidência da dificuldade de empreender...e os impostos seguem aumentando.

Por isso, considere a séria escolha de sua assessoria contábil (interna ou externa): o contador deve ser mais organizado do que você, o contador deve ter mais regularidade do que você; senão, as contas estarão, sempre, erradas ou defasadas...fato!

Considere, sim, o peso dos impostos sobre sua tabela de preços de venda: o impacto, sobre o valor líquido a receber, existe, na prática.

Considere, ainda, uma assessoria tributária, em consulta a advogados especializados na revisão dos tributos a recolher: para que suas contas também estejam juridicamente corretas.

Eventualmente, se você estiver pagando "a mais", o Governo nunca lhe devolverá o troco.

---

[3]https://pt.wikipedia.org/wiki/Startup

Se interessar por impostos traduz uma superior maturidade à regularidade fiscal e econômica.

O Processo Mapeado

[orientações consolidadas] Arquivar folha de pagamento dos colaboradores.

[folha consolidada] Projetar e agendar pagamentos em acordo com saldos bancários.

[saldo previsto] Revisar e projetar aumentos de salários dos colaboradores.

[folha analisada] Agendar benefícios a pagar dos colaboradores.

[benefícios consolidados] Reunir extratos bancários do mês anterior.

[saldo consolidado] Emitir relatório de contas recebidas do mês anterior.

[receitas consolidadas] Emitir relatório de contas pagas do mês anterior.

[custos consolidados] Comunicar movimento contábil à Contabilidade.

[contabilidade consolidada] Atualizar orçamento (plano de contas).

[orçamento atualizado] Comparar valor esperado e média para "receitas".

[receitas analisadas] Comparar valor esperado e média para "despesas".

[despesas analisadas] Comparar valor esperado e média para "lucro".

[lucro analisado] Comparar valor esperado e média para "inadimplência".

[inadimplência analisada] Comparar valor esperado e média para "capital de giro".

[capital de giro analisado] Comparar valor esperado e média para reservas financeiras.

[reservas analisadas] Revisar e planejar ações de redução de custos.

[custos previstos] Avaliar condições para distribuição de lucros.

[distribuição de lucros analisada] Comunicar Conselho Administrativo e avaliar reunião.

Semana 12: Gestão do Relacionamento

"Eu disse sinto muito amor, estou te deixando essa noite. Encontrei alguém novo, ele está esperando no carro lá fora. Meu bem, como você pode fazer isso? Nós dois juramos amor eterno! Eu disse sim, eu sei, mas, quando fizemos isso, havia uma coisa que não estávamos pensando, e é o dinheiro: dinheiro muda tudo, dinheiro muda tudo."
-- Cyndi Lauper , "Money Changes Everything"

O final desse mês, dedicado às finanças, tem próxima relação com a Gestão da Medição; e, assim, faz uso dos artefatos aprontados na semana 8, numa gestão integrada do relacionamento financeiro com os clientes.

Inicialmente, considere 2 eixos: na horizontal, o "ticket médio"; e, na vertical, a adimplência.

Por "ticket médio" entenda o valor total recebido de um cliente, dividido pelo total de unidades vendidas a esse cliente; ou seja, se todos os produtos/serviços, adquiridos por esse cliente, tivessem o mesmo valor, esse seria seu "ticket médio".

E, se tomarmos o conceito de "ticket médio" para somar todos os clientes, teremos uma grata divisão de referência no eixo X (média dos tickets médios). Se, do mesmo modo, definirmos uma escala de adimplência (entendida pela pontualidade no pagamento), teremos a mesma divisão da média refletida no eixo Y. Com isso, formaremos um quadrante, para posicionar cada específico **relacionamento financeiro**.

Quanto mais "para cima" (bom pagador) e "para direita" (bom valor), melhor!

Quanto mais "para baixo" (cliente atrasa ou glosa) e "para esquerda" (cliente paga valor baixo), pior...

Falta, apenas, acrescentarmos mais uma dimensão: a quantidade de unidades vendidas ao cliente. Sim, é desejado um **gráfico de bolhas**, em 3 dimensões, com o respectivo "tamanho da bolha" representando o impacto de cada adimplência e de seu "ticket médio".

Quanto maior a "bolha" (quantidade), melhor se ela estiver acima e à direita, pior se estiver abaixo e à esquerda.

Ao final desse grato exercício de plotagem, desejo, então, que todas suas "bolhas" sejam leves e flutuem; e não decantem e precipitem pelo peso de eventuais problemas intrínsecos...

Análise Gráfica

Nosso objetivo é entender como favorecer uma maior **aproximação comercial**. E a questão correlata é como podemos servir nossos clientes melhor.

Nessa análise, podem ser observados, como custos de uma baixa qualidade, recorrentes problemas de inadimplência, contratos defasados há muito tempo e grandes variações na quantidade de procedimentos entre clientes.

É comum, embora desagradável, observar que apenas 20% dos clientes costumam representar 80% do faturamento dos negócios; gerando forte dependência e um menor poder de negociação...não sei bem o porquê, mas costuma ser assim, na realidade de muitos casos.

Por isso, uma mínima estatística descritiva também ajudará nossa interpretação dos dados.

Qual o "ticket médio" mínimo? E o máximo?

A média se aproxima da meta desejada?

Caso tais bolhas se misturem e dificultem as visualizações, vale, ainda, agrupar clientes por semelhantes categorias e estratégias.

Planos de Ação

Com o passar dos meses e o acúmulo de dados históricos, é interessante perceber os movimentos dessas bolhas pelo gráfico e avaliar quais ações de melhoria foram eficazes no planejamento dos deslocamentos desejados.

Aqui, a gestão do relacionamento financeiro já se confunde com a gestão da comunicação institucional, que trataremos, adiante, na semana 15: nesse mesmo caminho de mão dupla, visamos as ações de melhoria!

Por isso, tal resultado acabará por envolver:

apresentação da empresa,

apresentação do portifólio de serviços e produtos,

material impresso de divulgação,

modelos de contratos,

renovação de contratos,

tabelas de preços e prazos,

definição do nível de serviço acordado,

agendamentos e atas de reuniões executivas,

pesquisas de opinião,

cartões de reconhecimento,

prontidão nos canais de comunicação,

transparência para ouvidoria,

envolvimento do corpo gerencial,

presença na internet,

dentre outros.

Enfim, tudo que favoreça sua **gestão comercial**!

Da atenção do marketing à concretização da venda, o sucesso está na qualidade de sua monitoração: acompanhar a evolução de cada etapa é uma disciplina de muita habilidade e sensibilidade.

Micro, Pequena, Média, Grande ou Online

Verifique e valide; **teste**!

Todo relacionamento envolve **verificação** e **validação**.

Pois tudo sempre parecerá muito perfeito, sem antes desafiar a realidade.

Testes são, assim, inevitáveis: sejam testes de verificação interna da integração ou testes de aceitação da validação externa.

Desafie, questione, provoque como tudo segue funcionando, mas sempre aos olhos de seu cliente! Saia do "palco" e aprecie (controlando a ansiedade) suas operações vistas pela plateia!

Internamente, o sucesso será, então, percebido numa grata e suave sensação de fluxo! Sem muito esforço, o trabalho flui, as interfaces se comunicam e as entregas são realizadas, continuamente... Em inglês, chamam de "*mojo*[1]"...

Externamente, quem avalia é o cliente: o resultado não está mais no julgamento técnico do especialista. Invista nessa Gestão do Relacionamento: trabalhe marketing, prospecção, vendas e sempre meça a satisfação!

---

[1]https://www.amazon.com.br/Peak-Great-Companies-Their-Maslow/dp/0787988618

Em uma escala de 0 a 10, o quanto você nos recomendaria para um amigo ou colega?[2]

Empresas pequenas costumam achar que "ainda não é a hora para perguntar tanto"; **empresas grandes** perguntam sempre, mas acabam por dar pouquíssimo valor às respostas recebidas...

Aceite, o quanto antes, que esse é o grande teste da vida! Isso é, mesmo, o que realmente importa!

Quem eu era antes desse capítulo?

Em experiência pessoal do mês 3, organizamos:

"Processo de Faturamento de Contas a Receber", "Processo de Agendamento de Contas a Pagar", "Processo para Contabilidade Executiva",

"Processo de Gestão da Regularidade" e "Processo para Gestão dos Clientes e Serviços";

mas demoramos, anos, para implementar um "Processo de Marketing e Vendas".

Falha!

A prospecção de novos clientes era uma atividade pobremente controlada, reativa e imprevisível, que nem aparecia claramente explicitada no existente "Processo para Gestão dos Clientes e Serviços".

A dura lição foi perceber que negligenciar apenas um, ou vários processos, sempre trará prejuízos como resultado comum...mesmo numa empresa com ampla cultura de processos.

Entretanto, a mencionada "clareza de ideias" agilizou o retorno desejado: ainda sem o imediato apoio de ferramentas eletrônicas,

---

[2]https://www.amazon.com.br/Pergunta-Definitiva-Edi%C3%A7%C3%A3o-revista-atualizada/dp/8550802557

foi possível organizar os *"deals"* (oportunidades de negócio) em reg-ular acompanhamento das transações, classificadas como "sucesso", "perdidas" ou "em andamento".

De maneira complementar, sessões de Gestão da Decisão ("Semana 3") também foram muito úteis para orientar sobre o distrato ou sobre a manutenção do contrato, com clientes de baixa adimplência e baixo ticket médio...escolhas difíceis, porém necessárias.

O Processo Mapeado

[disparo para revisão de preços] Revisar tabelas padrão de preços por tipo de cliente.

[preços padronizados] Comparar eventuais diferenças em tabelas de preços e prazos.

[tabelas padronizadas] Ajustar negociações de tabelas muito de-fasadas.

[revisão padronizada] Identificar novos clientes desejados.

[clientes a prospectar] Iniciar aproximação comercial por tipo de cliente.

[novo cliente] Formalizar contrato, tabela e nível de serviço.

[novo relacionamento] Planejar convite para pesquisa de opinião do cliente.

[solicitação do cliente] Orientar e monitorar próximas ações de melhoria contínua.

MÊS 4 "GESTÃO ADMINISTRATIVA"

- Semana 13: Gestão da Regularidade
- Semana 14: Gestão de Pessoas
- Semana 15: Gestão da Comunicação
- Semana 16: Gestão da Manutenção

Opa, já temos um sólido negócio em andamento!

Vale, sempre, **administrá-lo bem!**

Nesse mês, após implementações de liderança, qualidade e finanças, vamos organizar e formatar nossa rotina administrativa, com atenção à regularidade fiscal, às pessoas, à comunicação e à manutenção dos recursos materiais.

É, então, um mês de agregação, de empacotamento, de preparar um caminho mais livre e criativo para os últimos 100 dias dessa jornada inicial, a finalizar no mês 5.

Semana 13: Gestão da Regularidade

"E, agora, você faz o que te mandaram. E, agora, você faz o que te mandaram. E, agora, você faz o que te mandaram." -- Rage Against The Machine , "Killing In The Name"

Sejam todos apresentados ao Poder Público: o conjunto de órgãos com autoridade para realizar os trabalhos do Estado.

E não adianta resistir, pois resistir é inútil e pode paralisar suas operações. Assim, você também será, inevitavelmente, assimilado!

Nessa semana, precisamos, então, dar atenção às necessárias certidões de regularidade fiscal, regularidade econômica e de aderência aplicadas a qualquer negócio...porque não vale à pena colocar tudo o que já foi construído a perder, por eventual falta de uma simples licença.

Referências Legais

Qualquer entidade de classe, destinada a proteger e representar seus associados, garante as orientações da legislação de interesse específico para seu negócio.

Saiba disso.

Importante é listar, reunir, comunicar, estudar e aderir a tais resoluções e documentos.

Claramente, é um trabalho pesado: cheio de regras, controles e procedimentos explícitos; por vezes, redundantes, obsoletos e até desnecessários; mas...

Penso que a rede de especialistas formada na semana 4, através da nomeação do Grupo de Processos, acaba sendo sua melhor escolha (integrada) para delegar tais leituras iniciais.

Como CEO, acabo atuando num segundo momento, de revisão e aderência aos pontos mais polêmicos ou duvidosos. Já tive, por exemplo, a experiência do impedimento para a implantação de uma melhor prática, ainda muito "moderna" ou disruptiva para as documentações vigentes.

No momento da escrita desse livro, contabilizo 35 resoluções, portarias ou notas técnicas de aderência legal; e confesso que, aqui, não há muito espaço, nem agilidade, para colaborações ou inovações.

É fato: busque apenas aceitar e facilitar que sua empresa seja bem recebida e acolhida, publicamente...isso basta e é suficiente.

Modelos de Maturidade e Capacidade

A boa notícia é que há alternativas para manter a necessária aderência legal, de uma forma bem mais simpática e atraente ao conhecimento: os modelos de maturidade e capacidade!

Basicamente, tais modelos são referências, que contém práticas e resultados esperados, pertinentes a ganhos de maturidade e capacidade em necessárias disciplinas (ou áreas de conhecimento) específicas à sua operação, procurando avançar um amplo processo de melhoria corporativa.

E basta pesquisar que eles estão presentes em qualquer indústria de atuação, através das habituais auditorias externas para acreditação de sua qualidade.

Sim, buscando validar sua garantia da qualidade, por conhecidos selos de certificação, você também obtém e melhor compreende o cumprimento de todos aqueles requisitos legais obrigatórios. ;-)

Há anos, sigo esse caminho, que acho muito mais atracnte e, por isso, recomendo.

Tais modelos são sempre muito bem escritos, de clara sabedoria e conhecimento acumulado: nunca vi uma implementação desses modelos não trazer ganhos, tanto para os funcionários, como para a empresa.

Em meu exemplo, temos 3 acreditações externas da qualidade: uma mais voltada para a gestão executiva da saúde (ONA, em Nível 3, de excelência), outra mais especializada na prática técnica e médica (PACQ, da SBP) e a terceira de aplicação mais ampla e não específica para saúde (ISO 9001)...além do obrigatório alvará da ANVISA.

Percebam que a chance de ser surpreendido por alguma questão mais burocrática, documental, é mínima, pois todas as 4 auditorias se certificam dessas "premissas iniciais" de regularidade.

E, quando as acreditações nacionais já estiverem "dominadas", siga para novas certificações internacionais e uma posição de liderança ainda mais destacada!

Na realidade nacional, em presente, passado e provável futuro, relativamente poucas empresas detém certificações independentes de sua gestão da qualidade. E é curioso observar que, muitos daqueles que não possuem qualquer selo de qualidade, se acostumam em conviver com os problemas básicos de vigilância sanitária; em triste prática vigente do menor preço e sempre do menor preço a qualquer custo...

Lista Mínima de Documentos

Não pense que basta conversar com seu gerente para conseguir um empréstimo bancário.

Em um outro exemplo mais específico, perceba que formalizar contratos de prestação de serviços para operadoras de planos de saúde vai muito além do inicial acordo sobre a importante tabela de preços.

A mesma ideia também se aplica aos documentos que devem ser apresentados após a seleção de um candidato, de modo a validar o início de seu emprego.

Assim, para evoluir esse capítulo ou "semana", busque compor, desde já, sua **lista mínima de documentos de regularidade!**

Para cada item dessa nova lista, associe um lembrete, em agenda, para a respectiva cerimônia ("Semana 5"), garantindo a contínua atualização.

Provavelmente, você precisará de um "Procedimento Operacional Padrão", em descrição adicional a cada atividade desse processo, pois é fácil se esquecer por onde recomeçar cada renovação, nos anos seguintes...mesmo com a ajuda de sua contabilidade.

Se preferir, faça "Vídeos Operacionais Padrão"! ;-)

Sim, a parceria com a contabilidade é fundamental; e que seja, realmente, uma parceria: pró-ativa, previsível e disciplinada.

Micro, Pequena, Média, Grande ou Online

Para qualquer empresa...

Toda desejada organização começa por seu Cartão CNPJ, Alvará de Localização e Contrato Social.

E alterações do Contrato Social devem ser versionadas...

Também é garantida a necessidade de um Certificado Digital, a ser utilizado como uma identidade virtual para validar suas operações online.

E Certificados Digitais expiram, precisando ser renovados, de tempos em tempos...

Outros exemplos, básicos e comuns a manter, são as Certidões Negativas de Débito: Municipal, Estadual, Federal, de Dívida Ativa, Trabalhistas, de Improbidade Administrativa e Inelegibilidade, de Ações Cíveis e Criminais, de Distribuição, de Ações e Execuções etc.

Atenção: mantenha regular guarda de suas Notas Fiscais, emitidas e recebidas, pois sua contabilidade as solicitará, em movimento mensal.

Contratos de Prestação de Serviços, estabelecidos com seus clientes, também devem estar assinados, em modelo previamente validado por seu representante jurídico: considere, aqui, a agilidade das ferramentas eletrônicas.

Mas não se assuste: toda essa evolução é natural!

Conforme sua empresa for transitando de pequena para média para grande, o número de certidões, cadastros, alvarás e declarações vai, da mesma forma, aumentando proporcionalmente.

O que importa é manter sua lista de documentos, fiscais e econômicos, sempre muito organizada, disciplinada e previsível: são apenas cerimônias.

A boa notícia é que, em 2023, ninguém mais precisa de uma irritante máquina de fax[1] no escritório...aff! ;-)

Quem eu era antes desse capítulo?

Sim, esse assunto merece um capítulo dedicado, pois ele ainda tomará muito de seu tempo!

E que não lhe tome muito de sua paciência, também...

---

[1] https://pt.wikipedia.org/wiki/Fax

Renovar contratos e licenças com órgãos públicos requer muita atenção às documentações solicitadas: a qualquer simples evento, devem ser reunidos, aproximadamente, de 10 a 20 itens; tudo assinado, digitalizado por e-mail, autenticado em cartório e apresentado em impressão física.

Aprendi a tratar tais eventos, preferencialmente, pela manhã, quando estou mais calmo e descansado... (risos)

Também aprendi a me beneficiar da gestão das auditorias da Qualidade, em perfeita manutenção dessas evidências necessárias.

Cuidar de todas essas certidões, cadastros, alvarás e declarações, para imediata apresentação, sempre renovadas e disponíveis, é, sim, percebido com um claro sinal de maturidade das operações de uma empresa e de aderência a processos de regularidade muito bem estabelecidos.

Por mais que ainda haja uma inevitável e excessiva burocracia...

O Processo Mapeado

[lembrete de evento de regularidade anual] Dono do Processo da Gestão da Regularidade renova certidões, cadastros, alvarás e declarações da lista de documentos associada.

[lembrete de evento de regularidade mensal] Dono do Processo da Gestão da Regularidade renova certidões, cadastros, alvarás e declarações da lista de documentos associada.

[lembrete de auditoria externa da qualidade] Dono do Processo da Gestão da Regularidade renova certidões, cadastros, alvarás e declarações da lista de documentos associada.

[regularidade renovada] Dono do Processo da Gestão da Regularidade comunica e versiona certidões, cadastros, alvarás e declarações da lista de documentos renovada.

Semana 14: Gestão de Pessoas

"Já fazem anos desde que falaram para ela sobre a escuridão que seu corpo possuía. E as cicatrizes ainda estão lá, no espelho, todo dia que ela se veste. Mas a dor, agora, está a milhas e milhas para trás. E o medo é apenas uma fera dócil. Se você a perguntar por que ela ainda corre, ela te dirá que isso a completa: eu corro pela esperança, eu corro para sentir, eu corro pela verdade, por tudo que é real; eu corro por sua mãe, sua irmã, sua mulher; eu corro por você e por mim, meu amigo...eu corro pela vida. É uma mancha desde que me falaram sobre como a escuridão também me cobrou sua taxa. E, então, eles cortaram a minha pele e eles cortaram o meu corpo, mas eles nunca vão ter um pedaço da minha alma. E, agora, eu ainda estou aprendendo a lição; para despertar quando eu ouvir o chamado. E, se você me perguntar por que eu ainda corro, eu vou te dizer que eu vou por todos nós! Eu corro pela esperança, eu corro para sentir, eu corro pela verdade, por tudo que é real; eu corro por sua mãe, sua irmã, sua mulher, sua filha; eu corro por você e por mim, meu amigo...eu corro pela vida." -- Melissa Etheridge , "I Run For Life"

Um tema que precisamos seguir aprendendo juntos: gestão de pessoas!

E, aqui, na semana 14, julgo que ele se encaixe melhor, em nossa jornada de 100 dias.

Perceba que já falamos sobre times e seus assuntos derivados: organograma, cargos funcionais, grupo de processos, escalonamento de problemas, formação de lideranças, competências, mentoria, reuniões diárias e cultura organizacional.

Entretanto, mesmo envolvendo pessoas, tais questões têm mais associação com uma visão executiva sobre as equipes.

Como seria, então, uma visão das equipes sobre seus executivos?

Ou a visão dos colaboradores pelos próprios colaboradores?

Daí, segue nossa trajetória em humilde aprendizado: elogios acontecem, mas cada crítica recebida dói; e elas, sim, também acontecem.

Por vez, fixei uma etiqueta no computador da gerente administrativa: "não gerencie pessoas, gerencie o sistema (de processos)"; e fui, logo em seguida, "bombardeado" por uma analista que pediu demissão em "total discordância" (embora eu ainda ache que fui muito mal interpretado).

Outra vez, tratando de uma delicada questão trabalhista entre dois funcionários, ocorrida dentro dos limites da empresa, fui alvo do "fogo amigo": "o RH é fraco".

A boa notícia, como estabelecido no capítulo/semana anterior, é que também há modelos de maturidade e capacidade dedicados à melhoria dessa gestão; e, assim, sigo estudando o "CMM People[1]"...alvo de inspiração para um provável e prático livro no futuro!

O objetivo desse processo, de gestão de pessoas, é direto: prover à organização os recursos humanos necessários, mantendo suas competências consistentes com as necessidades do negócio, com componentes para **"atrair talentos"** e **"formar e reter talentos"**..."*champions*"!

Por ora, sigo a organização das subseções abaixo numa abordagem honesta e vencedora...pois nossa melhoria é, verdadeiramente, contínua!

---

[1]https://en.wikipedia.org/wiki/People_Capability_Maturity_Model

Demissão

Tratanto de recursos humanos, não há como fugir dos habituais processos de negócio para recrutamento, seleção, admissão e demissão...mas eu sempre prefiro começar pela demissão.

Como você gostaria de ser demitido?

Acho justa tal abordagem: desde a entrevista, numa etapa mais avançada do processo de seleção, já realizar tal questionamento e deixar tudo muito claro, antes de qualquer admissão.

Todo mundo merece ser feliz e essa é a premissa que também deve envolver, nesse momento, a revisão de seu processo de demissão: se o funcionário não está satisfeito, ele tem todo o direito de solicitar sua saída e ser plenamente atendido; do mesmo modo, se o empregador não está satisfeito, ele tem todo o direito de realizar a demissão, com calma e respeito mútuo...direitos e deveres.

Parece óbvio, mas, na prática, há, sabidamente, muitas exceções.

Assim, mais uma vez, reforço a importância da estratégica parceria com a contabilidade (interna ou externa à organização); e, acrescento, também, a relevância de uma assessoria jurídica.

Aprendi que pouco importa o tamanho da empresa ou sua excelência em gestão: todos precisarão, com maior ou menor frequência, de inevitáveis consultas ou representações de advogados!

Parece chato, mas, na prática, há muitas vantagens a explorar (lembre-se da Gestão de Riscos).

A partir dessa semana 14, ao amadurecer seu processo de demissão, não perca mais tempo decidindo sobre a aplicação, ou não, de qualquer advertência ou suspensão disciplinar, sobre acordos de demissão, não discuta com seus sócios, nem utilize os gerentes para conduzir treinamentos internos sobre o fundamental **Código de Conduta** ou regras da CIPA ("Comissão Interna de Prevenção de Acidentes"): traga o próprio advogado para tais questões, em contato direto...definitivamente, é bom que todos vejam advogados por perto.

Não costumo, literalmente, me expressar utilizando o verbo "delegar", pois acho que traz, consigo, a falsa sensação de que não existirá trabalho a monitorar e validar; mas, nesse caso, sim, estamos reforçando o uso de duas importantes estruturas de recorrente apoio à direção executiva: consultoria contábil e consultoria jurídica.

Demorei alguns anos para tal entendimento, mas confesso que há agradável sensação de leveza, frente às dezenas de decisões diárias de um CEO; trazendo, nesse sentido, maior segurança e foco no que lhe é mais prioritário.

Gerentes sempre demitirão menos pessoas do que fazem os CEOs, pois não há como se esquivar de tal responsabilidade superior; mas também nunca existirá qualquer orgulho ou prazer em conduzir demissões: é sempre, sempre desagradável.

Demissões envolvem formalizar e arquivar documentações, cancelar diversas credenciais e acessos, agendar exame demissional, cancelar benefícios, cancelar conta bancária, dentre outras ações de encerramento.

E, embora desagradável, tal atividade ainda será sempre um sinal de sua acumulada experiência em liderança...talvez, você forme cicatrizes importantes.

Admissão

Valorize o cenário completo e tenha, o quanto antes, todos os mapeamentos de processo publicados para: recrutamento, seleção e, enfim, admissão.

Siga-os rigorosamente, em aprimoramento; pois, quanto menos valorizados o recrutamento e a seleção, menos chances de sucesso tem a admissão.

Assim, quando chamar a necessária atenção ao recrutamento, já pense sobre como facilitar a etapa de seleção; e selecione projetando uma ágil admissão: não pule etapas, pois elas são complementares.

Mas, também, não se cobre tanto se, no dia 2, o funcionário que aparecer para trabalhar for completamente diferente do contratado anteontem: acontece, já aconteceu comigo e é por isso que já debatemos a demissão, antes.

Daí, após a admissão, muito me agrada a existência de um processo de integração do funcionário recém admitido.

O novo colaborador costuma chegar "envolvido" com os desafios, mas é desejado que ele se torne, realmente, "comprometido"!

Para tal equilíbrio entre familiarização inicial e entrega de resultados, nomeie um tutor que lhe apresente as informações que melhor traduzam a cultural organizacional, o quanto antes.

Sigo presenteando-os com livros, realizando arguições e, então, seguindo para contínuas avaliações.

Avaliação

"Um homem precisa viajar para lugares que não conhece para quebrar essa arrogância que nos faz ver o mundo como o imaginamos, e não simplesmente como é ou pode ser; que nos faz professores e doutores do que não vimos, quando deveríamos ser alunos, e simplesmente ir ver", disse o sábio navegador Amyr Klink[2].

No resumo de Milton Nascimento, "todo artista tem de ir aonde o povo está".

E, na gestão por processos, eles chamam, em japonês, de "Gemba[3]"!

Assim, todo responsável tem que seguir, fisicamente, pelo fluxo do processo; tem que estar presente onde os produtos de trabalho

---

[2]https://pt.wikipedia.org/wiki/Amyr_Klink
[3]https://en.wikipedia.org/wiki/Gemba

são gerados. Trata-se, aqui, de uma "**diretoria itinerante**", onde sua mesa de trabalho não é mais tão fixa; e você, então, poderia se sentar, a cada nova semana, em um setor diferente da empresa.

Acredite: isso faz muita diferença!

Por isso, não tente resolver seus problemas de capacidade, entregas etc só pelo que ouviu falar, pelo que lhe contaram: vá até lá...e vá regularmente.

Talvez, num primeiro instante, "sinta o cheiro" e faça avaliações preliminares através de testes em formulários disparados, facilitadamente, por email: "Avaliação do Conhecimento em Processos", "Avaliação da Capacidade em Processos", "Avaliação Emocional", "Avaliação Organizacional", dentre outras possíveis avaliações.

"Gamifique"!

Gamificação é o termo adaptado para referenciar o uso de princípios de jogos, elementos de design e mecânicas para tornar algo, que não é um jogo, mais atraente; engajando pessoas.

Assim, desenvolvemos nossa "Colaboração Monetária", um relato de caso de aplicação do conceito originalmente proposto por Jurgen Appelo[4], pioneiro em oferecer jogos, ferramentas e práticas concretas para que organizações criativas iniciem um melhor gerenciamento, com menos gerentes.

Das diretrizes de nossa Colaboração Monetária:

• todo mês, é feita a emissão de moeda pelo "governo";

• cada colaborador recebe igual quantia a distribuir;

• comportamentos que promovam o bem comum devem ser valorizados;

• todos agem em acordo com os objetivos da Pessoa Jurídica;

• não há competição;

---

[4]https://jurgenappelo.com/

- a única regra é não haver depósito em benefício próprio;

- ocasionalmente, são comunicados os saldos acumulados em conta;

- a qualquer momento, pode ser aberto o mercado de câmbio da empresa;

- a diretoria arbitra a taxa de conversão do Fonte (F$) para o Real (R$);

- o colaborador opta por trocar ou aguardar uma melhor cotação da moeda.

Toda essa experiência começou em outubro de 2013, quando demos uma primeira entrevista, publicada no site de gestão *"Management 3.0"*, sob o título *"Merit Money: A crazy idea that works*[5]*"*. Nossa prática saiu logo publicada na primeira edição do livro *"Management Workout"*. Outras entrevistas aconteceram (São Paulo e Canadá) até a retrospectiva, 3 anos após a idealização inicial, publicada na revista InfoQ, de Portugal: *"3 Years of the Merit Money System, a Revolution on the Recognition Methods Proposed by Cláudio Pires*[6]*"*. E acredito que nossa prática siga publicada até hoje, nas novas edições da atualizada versão *"Managing for Happiness"*.

O mais bacana, no atual momento, é que não mais estamos usando um sistema de contabilidade manual para rodar tal "game": migramos toda a "movimentação bancária" para um real aplicativo online de gestão financeira. Cada funcionário controla sua conta pessoal, faz lançamentos para outros funcionários, obtém crédito do Banco Central e avalia o câmbio para a troca do dinheiro real.

Interessante, não?!

---

[5]https://management30.com/blog/getting-rid-of-the-problem-salary-negotiations/
[6]https://www.infoq.com/news/2017/03/three-years-merit-money-system/

Micro, Pequena, Média, Grande ou Online

Antes de contratar, planeje avaliar e saiba como demitir: são processos integrados, mas interpretados fora da ordem.

Se ainda não sabe como avaliar pessoas, não as contrate. Se não considera demití-las, não as contrate. Isso irá poupar muita dor de cabeça, para ambos.

Provavelmente, micro e pequenos empresários nunca pensaram, antes, dessa forma. Grandes empresas já consideram pessoas como produtos de uma "loja de corpos" (do inglês, "*body shop*"). Busco apenas evidenciar o respeito pela pessoa física e pela pessoa jurídica.

A cada novo colaborador inserido no time, aumentam-se as possibilidades de comunicação: matematicamente, "n x (n-1) / 2"; onde n corresponde ao número de pessoas.

Se são 5 pessoas, são (5 x 4) / 2 = 10 canais de comunicação.

Se são 35 pessoas, são (35 x 34) / 2 = 595 canais de comunicação!

Assim, em um dia típico desse exemplo comparativo, as 5 pessoas juntas não terão nenhum problema individual; mas, num grupo de 35 pessoas, sempre haverá algo novo a contornar, a resolver...e, sim, é cansativo.

Quem eu era antes desse capítulo?

Não gosto do termo "gestão de pessoas": me soa como manipulação (ou tentativas de manipulação).

Prefiro o uso de uma diferente preposição: "gestão com pessoas" (muito mais colaborativo); e, ainda melhor, "**gestão com gente**" (somos todos iguais e estamos "no mesmo barco")!

Liderar um laboratório médico, especializado em patologia oncológica, me trouxe entendimentos profundos: "câncer dá em gente, não dá em poste", "quem tem câncer, tem pressa"; e, com isso, fortalecemos nosso slogan de "ciência a serviço da saúde" e acrescentamos o fundamental "respeito pela vida".

Estabelecemos critério obrigatório de comunicação "sempre gentil e não violenta" e abolimos qualquer tipo de preconceito na empresa: premissas muito fortes, explicitadas no Código de Conduta (incluindo eventuais punições).

Toda empresa deve ser um lugar seguro para atuação e recepção de seus familiares.

O Processo Mapeado

Componentes para "Atrair talentos", envolvem: processos de seleção, admissão e demissão, procedimentos operacionais de seleção, admissão e demissão, treinamentos de integração, guarda de evidências de formação acadêmica, guarda de evidências de documentação dos funcionários; dentre outros.

Componentes para "Formar e reter talentos", envolvem: comunicação do Organograma, avaliações da Base Organizacional, orientações das Equipes de Trabalho, nomeação do Grupo de Processos, manutenção da Biblioteca de Ativos Organizacionais, diretrizes das diretorias executivas, modelos de avaliações por competências (desempenho, emocional, organizacional, processos, qualidade), gerenciamento visual da produtividade e resultados, controle de horas extras, benefício Alimentação/Refeição, assistência médica e odontológica, medição de Saúde Ocupacional, ginástica laboral, controle de vacinação, distribuição de lucros; dentre outros.

Semana 15: Gestão da Comunicação

"*Olá! De novo somos eu e você, como sempre costumava ser: bebendo vinho, passando o tempo, tentando resolver os mistérios da vida. Como vai você? Já faz algum tempo... Deus, como é bom te ver sorrindo! Vejo você pegando as chaves, procurando uma razão para não ir embora... Se você não sabe se deve ficar, se você não diz no que está pensando, então, apenas respire: não há outro lugar onde deveríamos estar agora... Você quer tornar este momento memorável?*" -- Bon Jovi , "(You Want To Make A) Memory"

A tal da comunicação: onde todos os problemas se reúnem!

Provavelmente, o melhor gerente de toda sua carreira nem chamava tanta atenção e circulava sempre de maneira discreta no dia a dia.

Sim, esse conhecimento é sutil, mas, ao mesmo tempo, também é muito gentil e especial.

Um processo otimizado em torno de suas comunicações sempre será um processo robusto e muito valorizado em qualquer empresa!

Na Semana 12, já apontamos haver alguma reutilização entre a gestão do relacionamento financeiro com clientes com a gestão da comunicação institucional; que, agora, trataremos, em suas colaborações, externas e internas, para melhorias.

Também há uma percebida integração com as Semana 3 (Objetivos Estratégicos) e 7 (Gestão de Documentos)...

Então, no resumo das seções abaixo, veremos o porquê desse planejamento da comunicação acabar por envolver e unificar **pessoas**, **processos** e **ferramentas**.

O Universo das Políticas Organizacionais

Da já publicada Política Organizacional Geral (aquela que orienta uma cultura ética de negócios e de respeito aos demais processos organizacionais), derivaremos nossa Política Organizacional da Comunicação Institucional.

Busque estabelecer diretrizes que orientem todas as ações referentes à divulgação de notícias, execução das atividades, solicitações de apoio etc. Trate-as como um "universo": de tudo aquilo que existe fisicamente, a totalidade do espaço e do tempo e todas as formas de "matéria", incluindo todos os "planetas", "estrelas", "galáxias" e componentes desse "espaço intergaláctico"...que é uma empresa, hehehe!

Assim, dos canais de comunicação, utilizados para compartilhar conteúdo relevante a demais partes interessadas, identificamos:

• a comunicação através de Mensagens Instantâneas (separadas por assuntos/"salas" de maior relevância, visando amplo debate interno),

• a comunicação através dos Quadros Setoriais de Gerenciamento Visual (apoiando uma imediata visualização, colaboração e escalonamento de impedimentos),

• a comunicação através da Delegação de Atividades Gerenciais (registro eletrônico dos planos de ação acordados para acompanhamento),

• a comunicação através de Mensagens de Email (com adequação do título, contagem de palavras, contagem de questões, facilidade de leitura, positividade, polidez, subjetividade),

• a comunicação através de Eventos de Agendas e Calendários (com a já apresentada notificação para lembretes a interessados em correta recorrência dos eventos),

• a comunicação através do Registro de Atas de Reunião e Listas de Presença,

• a comunicação através da Biblioteca de Ativos Organizacionais,

• a comunicação através de Conferências por Vídeo e Voz (com condições para o trabalho remoto e suporte para a gravação de reuniões e treinamentos, considerando participações em tempo real ou posteriormente).

Para qualquer desses canais a utilizar, é importante haver a diretriz comum de sempre notificar "ciência e comprometimento", como sinal de maturidade, capacidade e respeito a uma **comunicação sempre gentil e não violenta!**

Resolução de Conflitos

Para uma ágil comunicação, considere publicar, logo, o mencionado **Processo de Escalonamento de Questões**, através da estrutura hierárquica da corporação.

Senão, cada um agirá do seu próprio (e diferente) jeito!

Quando um superior imediato deve estar com plena ciência e entendimento de algum incidente ainda não resolvido pelos responsáveis mais imediatos?

A autogestão dos times deve sempre ser estimulada, para o bom andamento dos serviços; mas, no caso de um conflito não resolvido, o conflito deve ser escalonado para sua respectiva instância superior e a diretoria deve ser acionada sempre que não for possível a resolução pela gerência ou pelo nível hierárquico de semelhante senioridade.

Há de haver modelos de mensagens padronizados, para melhor alcançar os objetivos das atividades dos processos, considerando adequados conteúdo, estrutura e formato.

Tenha sempre o costume de também formalizar suas atas de reunião com parceiros externos, pois nessas cerimônias residem grandes quantidades de erros e aborrecimentos, caso não sejam devidamente documentados.

Qualquer comunicação de incidentes a familiares, imprensa ou órgãos oficiais deve ser feita através de sócios-diretores. Situações de crise também deverão ser tratadas pelos sócios-diretores.

Daí, observe: a maior parte dos erros é, sim, de comunicação!

E falhas de comunicação sempre custam caro.

A Automação de Processos de Negócio

Do portifólio de ferramentas eletrônicas, já tratado na Semana 7, vale entender que, por vezes, a execução de uma atividade de processo é uma ação tediosa, complexa ou suscetível a falhas humanas. Vale o jargão "uma empresa sem software é uma empresa sem negócio"!

Indo além, acredito que **o processo é o software** e que uma empresa sem processo mais se parece com um hobby.

Por isso, incentivo o envolvimento, desde já, com o tema automação de processos de negócio (um provável próximo livro).

Uma abordagem tradicional é a de seguir com o mapeamento estático do processo para o desenho de um sistema ou aplicativo, codificado em alguma linguagem de programação, para uma desejada solução customizada da estratégia de negócio a resolver.

Mas já há a disponibilidade de serviços "SaaS[1]" (do inglês, *"Software As A Service"*) na web, comercialmente acessíveis, para diretas con-

---

[1]https://pt.wikipedia.org/wiki/Software_como_servi%C3%A7o

figurações (sem necessidade da codificação do sistema) e atingindo um maior número de usuários com interesses comuns.

Em exemplos, sugiro a avaliação do: Pipefy[2], Lecom[3], Camunda[4] e Bitrix24[5].

Brevemente, "Conforme Queríamos Demonstrar": **pessoas + processos + ferramentas = comunicação.**

Micro, Pequena, Média, Grande ou Online

Mensagens de email, mensagens do Chat corporativo, contatos telefônicos, reuniões, planejamento da semana, planejamento do dia, priorização de assuntos complexos, incidentes, resolução de impedimentos ao desempenho, solicitações de clientes, prospecção de clientes, gerenciamento do negócio, estratégia, fluxo ágil de trabalho.

Aff!

E tem mais...

Café da manhã para funcionários, cozinha suja, pia suja, chão sujo, lixeira abarrotada, bebedouro pingando, café derramado, atraso no início do expediente, atraso no retorno do almoço, ausências justificadas, ausências injustificadas, uso inapropriado de celulares, uso inapropriado de ferramentas eletrônicas, impressora quebrada, palavras inadequadas, falta de atenção, repetição de erros, atrasos nas entregas.

Nem procurei ser tão completo, nos exemplos acima: conversaremos mais, sobre essa "exaustão empreendedora", na Semana 19!

---

[2]https://www.pipefy.com/pt-br/
[3]https://www.lecom.com.br/
[4]https://camunda.com/
[5]https://br24.io/

Por ora, entenda que, infelizmente, tudo isso também faz parte da comunicação e que é, assim, que muitas empresas "incham" de tamanho, desnecessariamente.

Nossa comunicação institucional se aproxima de uma necessária e hábil gestão do tempo[6], por sobrevivência!

Quem eu era antes desse capítulo?

Primeiro, você acostuma as pessoas a valorizarem os e-mails recebidos (e redigirem seus e-mails profissionalmente).

Depois, você alerta para o necessário controle da agenda e seus lembretes (em respeito às entregas em tempo).

Estrutura um amplo "chat" corporativo (p.ex.: Google Chat[7], Twist[8] ou Slack[9]).

Daí, você equilibra e disciplina toda a comunicação verbal com todo o suporte eletrônico.

Estende tal "estilo" a seus clientes, parceiros e fornecedores (além dos colaboradores internos).

Faz uso de tudo isso dentro do próprio Conselho Administrativo de sócios (por vezes, uma enorme e infundada resistência).

Sempre amparado por Políticas Organizacionais e seus macroprocessos associados.

E, com os processos de negócio definidos e gerenciados, ainda que manuais, você introduz a etapa superior da automação.

É simples se comunicar, não?!

Não?! ;-)

De qualquer modo, jamais perca a elegância, hehehe!

---

[6]https://pt.wikipedia.org/wiki/Gerenciamento_de_tempo
[7]https://chat.google.com/
[8]https://twist.com/pt-BR/
[9]https://slack.com/intl/pt-br/

O Processo Mapeado

[diariamente] Responder e orientar novas mensagens de email.

[emails ok] Responder e orientar novas mensagens do chat corporativo.

[chat ok] Responder e orientar novas mensagens do whatsapp corporativo.

[whatsapp ok] Orientar assuntos complexos em contato telefônico ou reunião.

[contato telefônico ok] Formalizar respostas dadas a assuntos complexos.

[ata de reunião ok] Monitorar impedimentos para pleno desempenho dos times.

[impedimentos ok] Priorizar solicitações de clientes em pronto atendimento.

[relacionamento ok] Favorecer gerenciamento visual e fluxo de trabalho ágil.

Semana 16: Gestão da Manutenção

"Pane no sistema, alguém me desconfigurou. Aonde estão meus olhos de robô? Eu não sabia, eu não tinha percebido: eu sempre achei que era vivo. Parafuso e fluido em lugar de articulação, até achava que aqui batia um coração. Nada é orgânico, é tudo programado e eu achando que tinha me libertado. Mas lá vêm eles novamente, eu sei o que vão fazer: reinstalar o sistema." -- Pitty , "Admirável Chip Novo"

Além da clara valorização dos recursos humanos, precisamos concluir nosso mês de Gestão Administrativa com o pleno cuidado com os **recursos materiais**: equipamentos, instalações e a própria edificação.

Tais questões também mantém certa relação com as Semanas 11 e 13, da Contabilidade Executiva e da Gestão da Regularidade, respectivamente: afetam o Demonstrativo de Resultados (incluindo depreciações) e exigem específicas certidões, atestados e calibrações metrológicas.

Sem falar nos seguros, tal como riscos transferidos da Semana 1 (por favor, não se esqueça dos seguros)!

Tudo muito integrado, não?!

Sobre **manutenção**, entenda as ações de sustentar ou conservar a condição de funcionamento esperada, prevenir falhas e evitar prejuízos.

Dos tipos de manutenção, foque, principalmente, na disciplinada manutenção **preventiva** (antes de quebrar) ou aceite a correria da, sempre mais cara, manutenção **corretiva** (emergencial em paradas e defeitos).

Toda liderança deve caminhar pelo "**chão de fábrica**".

Manutenção dos Equipamentos

"Quem tem 1, não tem nenhum"; quem tem 2, tem 1.

Essa é a máxima da atenção às necessárias **contingências**; e assim guiaremos, aqui, nossas orientações para equipamentos, insumos e fornecedores.

Ou seja, seu custo inicial das operações já começa, na realidade, bem mais caro!

Por isso, antes de consolidar qualquer aquisição, favoreça a qualificação de seus fornecedores: nunca compre de qualquer um, a qualquer preço, prazo e qualidade.

E não é à toa que a gestão dessa semana foi posicionada logo após nossa revisão da Gestão da Comunicação, pois tais relacionamentos, de parcerias estratégicas, requerem muita conversa e muita negociação executiva: é um trabalho de alto nível de liderança, em especial atenção à manutenção.

Avalie, por exemplo:

• a extensão do catálogo de produtos,

• a facilidade de comunicação,

• o prazo de entrega,

• a quantidade disponível em estoque,

• o tempo de validade desse estoque,

• a variação dos preços,

• as condições de pagamento e

• eventuais registros e licenças de fornecimento.

Após qualificar, monitore o agendamento de visitas técnicas e desenvolva os fornecedores a seu contento: é uma parceria!

Tais ações somente valorizarão sua **lista de ativos**, com os principais itens que compõe seu patrimônio físico: equipamento, fabricante, modelo, calibração (lembrete de próxima calibração), preventiva (lembrete de próxima preventiva), planejamento de contingência.

De maneira semelhante às atas de reunião mencionadas anteriormente, registre seus **relatórios de manutenção**, corretivas ou preventivas, com muita atenção e disciplina: a dica é manter os modelos de formulário sempre à mão, para um mais ágil preenchimento (ou seguir para uma automação desse processo, em garantida aderência).

Da Gestão da Decisão, exemplificada na Semana 3, considere o que importa além da aquisição e do pagamento, em **qualificação da instalação** (garantir a adequação do equipamento e de seu local de instalação) e **qualificação da operação** (comprovar a operação adequada do equipamento instalado).

Manutenção das Instalações

"Toda forma corresponde a uma função".

Aprendi quando trabalhei como gerente de projetos, num escritório de design...

E, em um amplo raciocínio, é desejado que toda sua planta física tenha relação direta com a estrutura funcional de sua Cadeia de Valor ("macroprocesso número 1").

É um claro sinal de maturidade e ganho de capacidade quando a **sinalização dos ambientes** se confunde com o natural **fluxo do trabalho**.

Para mim, esse cuidadoso e executivo mapeamento da **estrutura físico-funcional** já facilita diversas preocupações a menos para uma obrigatória CIPA[1] ("Comissão Interna de Prevenção de Acidentes"): a cada ano, sempre busco atribuir mais responsabilidades a tais integrantes; em direitos e deveres.

Então, não se esqueça:

• da qualidade do ar,

• da qualidade da água,

• da acessibilidade dos elevadores,

• do controle de pragas,

• dos riscos ocupacionais,

• da higienização dos ambientes,

• da segurança com descartes e subprodutos.

Aparelhos de ar condicionado, filtros de água, áreas de escape, evidências de dedetização e descupinização, extintores de incêndio, cronogramas de limpeza, coleta de resíduos costumam ser alguns itens facilmente negligenciados, nos cuidados e na organização de uma empresa.

Junte esses exemplos com o mapeamento físico-funcional proposto acima e reutilize infográficos visuais para estabelecer diversos **Mapas de Localização**, identificando e posicionando itens críticos ao longo de sua planta:

• dos Extintores;

• das Áreas de Riscos (químicos, biológicos, ergonômicos ou de acidente);

• das Lixeiras;

• das impressoras

---

[1] https://pt.wikipedia.org/wiki/Comiss%C3%A3o_Interna_de_Preven%C3%A7%C3%A3o_de_Acidentes

etc.

E, para monitorar a eficiência de sua comissão interna, mantenha a regular auditoria de comissões externas para a validação de seu PCMSO , "Programa de Controle Médico de Saúde Ocupacional" e PPRA, "Programa de Prevenção de Riscos Ambientais" (renomeado para PGR, "Programa de Gerenciamento de Riscos").

Envolva sua Gerência da Qualidade no tratamento de eventuais não-conformidades apontadas e, sim, force a desejada gestão integrada das melhorias.

Se possível, ainda estenda sua cultura de segurança à segurança de seu cliente final: seu maior ganho e sucesso!

Mantenha arquivo tanto das **plantas das instalações**, como das **fotos das instalações**.

"Quando a gente gosta, é claro que a gente cuida".

Micro, Pequena, Média, Grande ou Online

Ao compararmos diferentes portes e estruturas de empresas, queremos evidenciar suas respectivas complexidades em relação ao tema sob estudo: por vezes, crescente; outras vezes, nem tão diferente.

O mais importante é ressaltar que jamais haverá espaço para o amadorismo, em qualquer situação empresarial: não se deve repetir, em um ambiente profissional, aquilo que somente seria aceito na individualidade do espaço doméstico.

Engraçado, aqui, percebermos o quanto somos negligentes com o assunto **manutenção**, tanto em casa, como no trabalho!

Muito dinheiro é desperdiçado por cuidados preventivos não realizados e transformados em assistências técnicas emergenciais; e, portanto, mais caras.

É muito comum, em organizações e em lares, a falta de qualquer listagem de equipamentos, fornecedores, contingências, riscos e lembretes: tudo acontece somente a partir do momento da urgência.

Ou seja: é reativo, imprevisível e fracamente controlado.

Entenda os exemplos mais simples: sim, sua impressora vai quebrar, sua internet vai falhar, seu computador precisará ser formatado, o elevador vai parar, vai faltar luz elétrica...e o que você vai fazer, antes e depois?

Vale a reflexão para uma nova postura e atuação!

Quem eu era antes desse capítulo?

Tendo chegado à Semana 16, você já acumula, inevitavelmente, diversos "bonés"!

Passei, então, a dividir minhas semanas de trabalho:

• segundas: Finanças;

• terças: Estratégia;

• quartas: Qualidade;

• quintas: **Estrutura**;

• sextas: Inovação.

Observe que o tema desse capítulo segue sempre às quintas!

Acredite: toda semana, há cuidados a manter na estrutura, seja física, seja funcional; para que os times não percam produtividade ou conforto, em **impedimentos** não resolvidos com prontidão.

E, assim tem sido, há anos, em grato equilíbrio; você até se aborrece com tantos feriados atrapalhando seu regular planejamento. (risos)

Da frase popular, "a gente só tropeça nas pedras pequenas, porque pedras grandes nós as vemos de longe"!

O Processo Mapeado

[equipamento a aquisitar] Convocar sessão da Gestão da Decisão.

[item aquisitado] Atualizar lista de ativos do plano de manutenção.

[plano atualizado] Atualizar lista de riscos e contingências.

[plano atualizado] Atualizar checklist semestral de manutenção preventiva.

[plano atualizado] Garantir capacitação no preenchimento do checklist.

[treinamentos atualizados] Qualificar instalação e operação do equipamento.

[item em operação] Executar lembretes de manutenção preventiva e de calibração.

[item danificado] Registrar evento de manutenção corretiva.

[controle de manutenções] Guardar evidência das manutenções e calibrações.

MÊS 5 "GESTÃO INTEGRADA"

- Semana 17: Melhoria Contínua
- Semana 18: Plano de Treinamento
- Semana 19: Expansão de Negócios
- Semana 20: Gestão da Inovação

Começamos o último mês, de nossa jornada dos 100 primeiros dias, buscando alçar vôos maiores!

Com as operações estruturadas, já há mais espaço para a criatividade e para pensar novos desafios: uma real preparação para uma nova etapa, um novo salto de maturidade e capacidade, uma ponte para o que virá após esses 100 dias.

Das semanas anteriores, já captamos o senso de gestão integrada.

Gestão integrada é, então, organizar e integrar todas as operações de seu negócio, com os processos ocorrendo de maneira fluida e com plena comunicação entre as atividades. Envolve garantir a execução prática, tal como modelado, em plena sinergia com toda a empresa.

Parece simples, mas resumir tal conceito me levou anos! Antes disso, experimentei uma coleção de mapas mentais, impressos em enormes folhas de *"flip chart"*, construí e destruí diversas versões da Biblioteca de Ativos Organizacionais, rearranjando diretórios, subdiretórios e arquivos.

Hoje, tudo me parece mais naturalmente conectado: cada área de conhecimento é um repositório; cada repositório tem seus processos nomeados pelos diretórios; cada diretório/processo é "atômico", "indivisível", pois nele residem todos seus respectivos arquivos em direta associação: uma gestão do conhecimento fluida, em pleno alinhamento com a direção executiva, alinhavadas pelo CEO; sempre "conforme queríamos demonstrar".

Espero, assim, que essa seção final, do mês 5, lhe traga um grato desfecho e muita serenidade para "mãos à obra": estamos, agora, aterrissando...em breve, um novo vôo!

Semana 17: Melhoria Contínua

"Ninguém disse que seria fácil; é uma pena nos separarmos. Ninguém disse que seria fácil, mas também não disseram que seria tão difícil. Oh, me leve de volta ao começo." -- Coldplay, "The Scientist"

Do ponto de vista executivo, é gratificante orientar toda a empresa para que cada questão esteja sempre associada a algum **plano de ação**: nada pode estar insatisfatório sem que haja, ao menos, alguma melhoria em andamento...tudo continuamente!

Tal fato, por si só, já é desafiador, e nos levou, nesse livro, 100 dias para estruturar tal raciocínio; a disseminação dessa cultura, por todos, ainda levará anos e causará muita movimentação em todos sentidos: o trabalho de liderança requer muito equilíbrio.

No meu exemplo, demoraram, exatos, 4 anos: desde o dia 1 da nova direção até a conclusão da primeira certificação de auditoria externa em comprovado nível de excelência.

Em 100 dias, é possível, sim, reorganizar a organização vigente, a partir de ideias claras e objetivos definidos; mas nossa cultura só se consolidou em 4 anos: em torno desse marco, tudo fica "mais fácil" (fácil mesmo nunca será), numa sucessão de resultados satisfatórios.

A empresa passa a operar **de maneira previsível, pró ativa e bem controlada!**

Qualidade Garantida

Aqui, vai, então, minha receita de sucesso para qualquer **auditoria externa**!

Já passei por diferentes indústrias (alimentícias, farmacêuticas, de tecnologia da informação, da saúde) e tenho certeza de que há uma conceituação comum do que se espera na validação de resultados...abaixo.

• Modelar o negócio.

• Planejar a estratégia.

• Identificar os processos.

• Publicar os processos.

• Executar os processos.

• Treinar os processos.

• Monitorar os resultados.

• Acompanhar as não conformidades.

• Formar novos auditores internos.

• Debater as Lições Aprendidas.

Em resumo: inicie com o debate executivo de alto nível, siga para uma objetiva gestão orientada por processos, monitore sempre qualquer execução e mantenha suas lideranças em aprimoramento e renovação!

O ambiente de trabalho fica mais encantador e a qualidade, verdadeiramente, vivenciada!

Ciclos de Melhoria

Planeje-Execute-Verifique-Ajuste (do inglês, *"Plan-Do-Check-Act"*).

Um "bom problema" é que, tendo chegado até aqui, você, provavelmente, não saberá mais onde concentrar tanto plano de ação!

Planos de ação irão parecer brotar com mais facilidade do que e-mails... (risos)

E, então, algum auditor menos visionário e mais tradicional poderá lhe questionar sobre o controle de sua monitoração: uma situação, realmente, peculiar.

Uma óbvia solução, de informática, se encontra nos sistemas de gerenciamento de questões (*"issue tracking systems*[1]*"*), transformando cada não-conformidade em um "ticket" de suporte a ser resolvido.

O problema é que nem toda indústria trabalha com seus colaboradores o tempo todo à frente de um computador e nem toda indústria (serviços ou projetos) requer a mesma agilidade em suas soluções: tal conciliação pode não ser tão óbvia. Talvez, lhe peçam até para criar um setor de *"help desk*[2]*"* só para isso; não faz sentido: concentrar já é uma própria limitação.

No momento, eu respeito que cada cerimônia (Semana 5) tenha e cuide de seus próprios planos de ação, em prol de seus processos; e algumas cerimônias acabam por se destacar mais em seu grau de colaboração.

"Ciclos de melhoria" funcionam, então, para mim, como um documento que apenas mapeia todas essas cerimônias que geram tantos e tantos planos de ação de melhoria contínua, com o objetivo de tornar seus respectivos processos sempre mais ágeis, claros e objetivos, porém dentro de sua frequência natural.

---

[1]https://en.wikipedia.org/wiki/Issue_tracking_system
[2]https://pt.wikipedia.org/wiki/Help_desk

Micro, Pequena, Média, Grande ou Online

"**Um Processo** para todos governar, **Um Processo** para encontrá-los, **Um Processo** para todos trazer..."

Parafraseando passagens da obra de J. R. R. Tolkien[3], em "O Senhor dos Anéis", penso ter encontrado "o anel mestre", "o anel de Sauron", "o anel do poder", "o Um Anel", "Meu Precioso": o **Processo para a Definição de Processos**.

Conforme já antecipado na Semana 6!

Tendo esse **meta processo**, descrito textualmente ao final do capítulo, temos o mapeamento necessário para definir qualquer novo processo ou para revisar e otimizar outros processos existentes, atingindo uma bela abstração reutilizável, a partir de um processo genérico que irá instanciar todos demais processos reais.

Ou seja, toda empresa (micro, pequena, média, grande ou online) já poderia nascer "orientada a processos", desde o "dia 1", mesmo sem ter, ainda, nenhum processo previamente mapeado ou sob formal gerenciamento...

Porque a Gestão Por Processos difere por repensar a sua gestão por meio dos processos, redirecionando sua nova atuação gerencial!

E, se a intenção é verdadeira, um primeiro formal processo já existirá, no minuto seguinte a essa decisão.

Quem eu era antes desse capítulo?

Segue, abaixo, minha agradável rotina matinal, que pratico algumas vezes na semana...

---

[3]https://pt.wikipedia.org/wiki/J._R._R._Tolkien

- Acordar, tomar café da manhã e ler as notícias do dia.

- Por vezes, já há alguma questão emergencial à espera.

- Seguir para a leitura de todos os e-mails não respondidos.

- Garantir a leitura e a orientação de todas as mensagens do Chat corporativo.

(e, agora, o mais legal...)

- Observar, silenciosamente, as novas mensagens "pipocando" pelos canais de comunicação do Chat corporativo!

Como assim?

Quando tudo parece estar "lido", "controlado" e "zerado", sem nenhuma notificação à espera, é bacana observar a empresa viva, em movimento, com novas mensagens, tarefas e arquivos sendo populados, dinamicamente, por diferentes colaboradores, em diferentes questões!

De início, eu pensava: mas eu acabei de ler tudo e já tem mais coisa para ler?

Com o tempo percebi a beleza de todo esse mecanismo criado: a empresa funcionando, verdadeiramente, **orientada por processos** e baseada em lideranças de comunicação ativa!

Em eventos de auditoria externa, quando solicitam evidências da implantação de uma **cultura de melhoria contínua**, eu apenas compartilho a tela principal, para todos assistirmos essa "dança dos planos de ação": porque cada dia é uma nova música!

O Processo Mapeado

[evento, incidente ou problema] Identificar área de conhecimento associada.

[área de conhecimento] Identificar processo de negócio associado.

[processo de negócio] Registrar evento, incidente ou problema.

[registro da melhoria] Aprovar registro do evento, incidente ou problema.

[aprovação da melhoria] Alocar colaboradores para evento, incidente ou problema.

[responsável pela melhoria] Desenvolver evento, incidente ou problema.

[execução da melhoria] Revisar impacto sobre processo de negócio mapeado.

[processo atualizado] Comunicar nova versão do processo.

[processo comunicado] Aprovar nova versão do processo.

[processo publicado] Executar "Processo para Plano de Treinamento".

[plano de treinamento] Atualizar situação do evento, incidente ou problema.

[controle da melhoria] Monitorar nova ocorrência do evento, incidente ou problema.

[monitoração da melhoria] Manter a melhoria contínua.

Semana 18: Plano de Treinamento

"Nova York, selva de concreto onde os sonhos são feitos. Não há nada que você não possa fazer: agora, você está em Nova York. Essas ruas vão fazer você se sentir novo, grandes luzes vão inspirá-lo. Ouça isso para Nova York." -- Alicia Keys, "Empire State of Mind (Part II)"

Do que já falamos sobre as avaliações da qualidade, sejam auditorias internas ou externas, em todas busca-se, simplesmente, evidenciar:

• que qualquer trabalho executado esteja baseado num processo,

• que qualquer funcionário esteja treinado nos processos em que atua,

• que exista formação acadêmica comprovada para a respectiva área de conhecimento e de atuação.

O colaborador faz, então, o que deve ser feito e não o que prefere ou escolhe fazer: funciona como uma característica de maturidade, como um real certificado de proficiência e comprometimento.

O conteúdo aqui, desse capítulo, é o fato de que muitos não sabem quais resultados devem entregar; e muitos também não sabem quais resultados devem cobrar!

Estratégia para Treinamento

Embora haja valor na evidência do diploma para o que segue registrado no currículo, há muito mais valor na plena execução "certa da primeira vez".

Saber fazer e dominar um conhecimento traduz muita segurança: esse livro, por exemplo, não emite nenhum certificado.

Lembre-os que os exercícios da vida real sempre serão mais desafiadores e complexos do que os didáticos exercícios da sala de aula, que já são preparados para darem certo.

Opte, então, por vivenciar sua empresa, por "mergulhar" em suas questões, por saber observar quais os respectivos conceitos e práticas numa visão integrada, no "melhor de dois mundos": um bom engenheiro se senta, ao computador, com maestria; mas também segue para debater simulações e cálculos com os técnicos que operam as máquinas de produção.

Assim, perceba que sempre haverá o gosto pelo treinamento externo, fora das fronteiras da organização, mas valorize, sim, as sessões de treinamento decorrentes dos planos de ação!

Por isso, inicie pelo saboroso "feijão com arroz": todos os atores, envolvidos na execução de seus processos de negócio, devem ter tanto o pleno entendimento das atividades a executar e entregar, como a percepção do impacto dos resultados dessas atividades sobre outros papeis e cerimônias.

Realmente, os mapeamentos dos processos já são os primeiros materiais de capacitação para treinamentos: esse é o "primeiro pacote", fundamental e contínuo.

Somente depois, evolua seu plano para também atender as evoluções traçadas pelos objetivos da gestão estratégica vigente ou para suprir alguma competência ainda deficiente, percebida em sua base organizacional de colaboradores.

Treinar para Delegar

Por fim, formar lideranças será o "suprassumo", o mais elevado grau de treinamento corporativo.

Importante que esse programa seja construído como convites a todos, que os mais interessados e dedicados sejam identificados e que haja um equilíbrio na distribuição de tempo dos treinamentos, para ampla participação.

Sabemos que o custo de não treinar sempre será maior do que o custo de treinar...

Desde nossa "Semana 4", já estamos trabalhando nesse tema. E, agora, é hora de "soltar algumas rédeas" e de exercer menos controle centralizado no CEO.

É preciso que o CEO se prepare para a próxima "Semana 19", de expansão de negócios, em novos horizontes executivos.

Ao delegar, algumas avaliações informais me chamam a atenção para o que está sendo devidamente assumido como responsabilidade:

• a quantidade de e-mails retornados pela manhã;

• a capacidade de organizar e monitorar questões até a solução;

• a quantidade de erros internos recorrentes;

• o controle emocional durante comunicações imprevistas;

• o imediato raciocínio sobre contingências e contornos em resposta a problemas;

• a participação e o estudo para novas iniciativas sobrepostas à rotina habitual.

Ali, nessas questões, estará o seu próximo "*champion*"!

Micro, Pequena, Média, Grande ou Online

Ao ser perguntado sobre o que faria no dia de seu aniversário de 88 anos, o ator e diretor Clint Eastwood[1] respondeu que começaria a gravar um novo filme. Na próxima pergunta, sobre a origem de sua motivação, Clint respondeu que todas as manhãs, quando ele se levantava, ele apenas "não deixava o velho entrar": "se a gente deixa de viver olhando para frente, não há outra alternativa senão olhar para trás; e isso é envelhecer".

O segredo é, então, estudar, aprender, evoluir e adaptar suas novas versões: da pessoa física e da pessoa jurídica, pessoal e profissional!

• Qual seu objetivo de vida?

• Qual seu objetivo de 5 anos, que o aproxima desse objetivo de vida?

• Qual seu objetivo de 1 ano, que o aproxima desse objetivo de 5 anos?

• Qual seu objetivo de 3 meses, que o aproxima desse objetivo de 1 ano?

• Qual seu objetivo desse mês, que o aproxima desse objetivo de 3 meses?

• Qual seu objetivo dessa semana, que o aproxima do objetivo desse mês?

• Agora, você já sabe o que deve fazer **hoje**!

E que a gente saiba traduzir esse contínuo estudo em prática habitual e essa prática em agradável reconhecimento e justificada remuneração.

Os funcionários esperam toda a semana pela sexta e todo o ano pelo verão; e acabarão esperando toda a vida por felicidade.

---

[1]https://pt.wikipedia.org/wiki/Clint_Eastwood

Quem eu era antes desse capítulo?

Por mais simplificada que seja sua versão para o **Processo para Plano de Treinamento** (apresentada ao final desse capítulo), busque, o quanto antes, o apoio de alguma ferramenta eletrônica, sistematização ou automação: parece inofensivo, mas o esforço para manter tudo em ordem, rastreável e consistente é imenso...em uma empresa que aprende!

Perguntas básicas, apenas exemplificadas abaixo, devem ser respondidas com prontidão e precisão.

• Quantos treinamentos esse funcionário já realizou no ano?

• Quais funcionários foram treinados nessa turma de capacitação?

• Qual o agendamento dessa próxima turma de capacitação?

• Que treinamentos aconteceram no mês passado?

• Qual o orçamento mensal alocado para treinamentos?

• Como é feita a avaliação de eficácia de cada treinamento?

• Quais os treinamentos instanciados para o funcionário recém contratado?

Emitir os certificados de treinamento acaba sendo a etapa mais fácil!

Eu comecei colando um grande cartaz, em uma formatação bonita e colorida, com o mapeamento das atividades esperadas, afixado atrás da porta da principal Sala de Treinamento: ao sair, todos deveriam confirmar aderência ao processo.

Ok, tal como o Princípio de Pareto[2], funcionou apenas 80%. (risos)

E, ao longo dos anos, tal disciplina foi diminuindo cada vez mais e mais...

---

[2]https://pt.wikipedia.org/wiki/Princ%C3%ADpio_de_Pareto

Por isso, a necessidade de um processo automatizado, em garantida dessa vitória, com todos os avanços esperados garantidamente controlados.

Ao final e na prática, só ganha o certificado quem:

• assinou a lista de presença,

• preencheu a avaliação do treinamento e

• evidenciou a correta aplicação dos conhecimentos obtidos!

O Processo Mapeado

[treinamento solicitado] Alinhar objetivos estratégicos e plano de treinamento.

[treinamento aderente] Preparar ou obter material de capacitação.

[conteúdo a treinar] Agendar treinamento e convidar interessados.

[treinamento comunicado] Preencher lista de presença.

[treinamento registrado] Preencher avaliação de treinamento (participante).

[treinamento avaliado] Preencher avaliação de eficácia (instrutor).

[treinamento avaliado] Arquivar evidências de treinamento.

[treinamento versionado] Emitir certificado de treinamento, quando aplicável.

[funcionário treinado] Definir planos de ação para prática do treinamento.

[conhecimento gerenciado] Solicitar novos treinamentos.

Semana 19: Expansão de Negócios

"Essa noite você é meu, completamente. Você dá seu amor tão doce. Nessa noite, a luz do amor está em seus olhos. Mas será que você vai me amar amanhã? Isso é um tesouro duradouro ou apenas um momento de prazer? Posso acreditar na magia de seus suspiros? Você vai me amar amanhã?" -- The Shirelles , "Will You Love Me Tomorrow?"

Que a anterior Semana 18, focada em treinar e delegar, nos tenha trazido grato alívio e, então, nos permita já refletir um pouco sobre os desafios da nova semana.

Acredito na máxima "não coloque todos os ovos na mesma cesta"; e, assim, expandir negócios tem direta relação com empreendedorismo!

Mas, tendo chegado até aqui, o que poderia dar errado?!

Afinal, aprendemos tanto nesses meses, não?!

Perspectiva Empreendedora

Da Semana 1, relembre-se que riscos não são só ameaças, mas, também, oportunidades!

Oportunidades são riscos a explorar (ao invés de ameaças a mitigar).

E tal exploração envolve etapas constantes e de muita atenção: procurar, reconhecer e agir!

Essa é a perspectiva empreendedora a construir nessa semana:

- procurar por oportunidades,

- reconhecer as oportunidades e

- agir sobre as oportunidades.

Todo dia!

Um exemplo a refletir: quais subprodutos são gerados por sua Cadeia de Valor?

É fato que sempre existem subprodutos em qualquer empresa; o problema é que muitas não enxergam valor em desenvolver ou vender tais subprodutos. Sim, estamos falando de dinheiro, em lucrar com produtos secundários desenvolvidos ao longo do caminho primário.

Em meu auto exercício, tenho várias questões críticas, como: gestão de estoques, compras comerciais, manutenção das instalações, RH, gestão de documentos...todas com especificidades para minha indústria de atuação em saúde, alternando requisitos mais simples ou mais complexos. Então, por que não automatizá-las ou sistematizá-las? Em caso afirmativo, por que não torná-las soluções escaláveis para ganhos através do interesse de outras empresas do mesmo setor?

Nem estamos falando, tanto, da óbvia criação de filiais, a partir de uma matriz já gerida profissionalmente, com ativos bem construídos e prontos para a reutilização e uma cultura consolidada para a medição de resultados e orientada por indicadores de desempenho: esse é o grato valor de nossa trajetória, aqui representada pela gestão integrada!

Acostume-se a desenhar mapas mentais[1] (do inglês, "*mindmaps*") como ferramenta para traduzir ideias complexas; evoluindo, incrementalmente, cada "nó" de uma mais ampla estrutura analítica (subdividindo as entregas e o trabalho em componentes menores e mais facilmente gerenciáveis) para seus novos projetos.

---

[1]https://pt.wikipedia.org/wiki/Mapa_mental

Funcionários sempre poderão se perceber como um Setor << um Centro de Custo << um Time << uma Unidade de Negócio << uma Empresa.

Escolha seu destino!

Exaustão Empreendedora

Para o infinito e além?!

Bem, nem sempre...

Está provado que, em 100 dias, dá para fazer muita coisa.

Talvez, mais do que muitos consigam fazer em 10 anos!

Mas, o ritmo é muito puxado; e, obviamente, cansa.

1 dia, 1 semana, 1 mês, 1 ano é, realmente, fácil; todo dia, anos e anos a fio, é bem diferente.

Assim, não subestime seu cansaço; pois, realmente, cansa.

Cuide tanto de sua **energia física e emocional**, como de sua **saúde pessoal e profissional**.

Um senso claro de direção e a paixão pela realização são valorosas forças motrizes, mas atenção ao estresse, à estafa, noites insones, pressão arterial etc.

Todo mundo merece ser feliz e o mundo já está cheio de empresas buscando cada vez mais lucro.

E não é só lucro: empreendedores cansados acabam, desnecessária ou antecipadamente, criando conflitos familiares ou societários, vendendo suas empresas por valores ridiculamente baixos...por vezes, até fechando as portas.

Liderança Empreendedora

Como mudar o mundo?

"Aqueles que dizem que não pode ser feito, não deveriam interromper aqueles que estão fazendo o impossível", diz um provérbio chinês.

Em sua mentalidade empreendedora, de expansão de negócios, traga novas ideias ao mundo e novas mudanças positivas! Criando valor para os outros, criará valor para si.

Apenas faça; pois vão te criticar de qualquer jeito...

Como executivo, seja um **solucionador de problemas**, não o criador.

Competição faz parte do processo, esforços honestos trazem recompensas e um CEO com habilidades políticas, estratégias criativas e capacidade de reagrupar, de reorganizar e entregar resultados sempre terá sucesso e prevalecerá, em qualquer situação, com um bom time e uma boa empresa.

Afinal, além de estarmos desenhando processos e serviços, estamos definindo toda uma nova cultura organizacional: com confiança, calma e entusiasmo.

Sente-se no lugar da plateia e aprecie a visão do sistema.

Não se envaideça pelo destaque do palco. Quem já não assistiu irritantes palestras, nas quais os slides não explicavam nada além do sucesso do palestrante, não é mesmo?!

Assuma sua posição de liderança e reputação, faça parte de algo grande e nunca mais aceite menos.

Micro, Pequena, Média, Grande ou Online

Reflita sobre sua quantidade diária de decisões tomadas: um número claramente relevante.

Daí, multiplique por 22 dias úteis no mês, 12 meses no ano etc.

Em seu processo de crescimento empresarial, de pequeno para médio, de médio para grande, renove, a cada momento, os novos conhecimentos e as novas parcerias profissionais; é fundamental!

Durma bem, tire férias, reúna-se em suas comunidades de prática, participe de palestras...escreva livros! ;-)

O valor de nossa gestão integrada se mantém pela saúde empreendedora; a gestão integrada é, também, uma gestão equilibrada!

Quem eu era antes desse capítulo?

Após 10 anos de início desses meus primeiros 100 dias, confesso que sinto a constante presença da **exaustão empreendedora**, porém tenho muito mais coragem para seguir com a **liderança empreendedora**.

Engraçado que a "exaustão empreendedora" também precisa de planos de ação, de estratégia e de resultados; em sua mitigação de riscos.

Enquanto a "liderança empreendedora" te dá a segurança daquilo que você é capaz, de ir além.

Quem sabe eu tenha escrito esse capítulo para minha própria leitura e releitura!

E que você, também, consiga se enxergar do tamanho que se fez...

...e nunca mais daquele que tentaram te fazer!

Semana 20: Gestão da Inovação

"É na clareza da mente que explode a procura do novo processo. E o que é meu direito eu exijo, não peço, com a intensidade de quem quer viver e optar: ir, ou não, por ali. A nossa primeira antena é a palavra que amplia, a verdade que assusta. E a gente repete que quer, mas não busca; e, de um modo abstrato, se ilude que fez." -- Oswaldo Montenegro , "Quebra Cabeça Sem Luz"

Em nossa última semana, vamos apenas revisitar nossas "**crenças limitantes**"...

Vamos refletir, por um instante, sobre quais falsas convicções impedem nossos avanços.

Por exemplo, qual a imagem projetada para um bem-sucedido gestor de negócios?

Alto, baixo, gordo, magro, bonito, feio; obviamente, não existe um padrão!

Nem perca tempo com essa ou quaisquer outras ideias rasas e medíocres.

Gravitas

Uma bela "**presença executiva**" é melhor definida pelo sutil termo: "*gravitas*", que traduz o significado de uma personalidade ética, de seriedade e de apego à honra e ao dever.

Isso é o que importa ao CEO e demais lideranças!

Agora, em contraponto, que tal considerar um dia, simplesmente, perfeito?!

E, se perfeito, por que não buscá-lo imediatamente, para hoje?

É fascinante como uma ligeira mudança de pensamento resulta em emoções bem diferentes e, consequentemente, em novas ações e motivações!

Podemos, assim, verdadeiramente, escolher nossos destinos.

Em outro exemplo, partindo da convicção de que já temos um ótimo time de trabalho, ele consegue ficar ainda melhor; acredite!

A cada nova abordagem, surgem, assim, novas possibilidades e mais inovação; forma-se, historicamente, um vasto repertório de soluções e resultados práticos muito melhores.

Artista e Cientista

Busque sempre conciliar papeis de artista e cientista, unindo o estado da arte à tecnologia!

Cientista é aquele que aplica o método científico, de proposição de hipóteses até levar à formulação de uma teoria.

Curador é o responsável pela montagem e supervisão de uma obra a expor.

E, se toda arte e ciência evoluem em reorganizações e rearranjos, o que foi pretendido aqui, nesse livro, envolveu a criação de uma vida profissional muito mais rica em conteúdo!

Em exemplo, considere a existência de um museu, no qual cada bifurcação de corredor apresenta apenas duas obras de arte completamente diferentes: caberá ao visitante escolher tanto o estilo, como a direção, mais agradáveis.

Daria até para coletar medições de quais são as trajetórias preferidas!

Assim, espero, de modo semelhante, **receber seus comentários**.

Esse final é, sim, sobre aceitar redefinições, reorientações, novas hipóteses e diferentes paradigmas.

Obviamente, nada fácil e sempre muito arriscado.

Mas seguem os 100 primeiros passos diários, a redação de novos percursos e o convite à transformação executiva!

Trabalhamos por uma sociedade inovadora: inspirar a quem der, no que der, pro que vier. ;-)

Quem eu era antes desse capítulo?

Aqui, numa breve nota e *"teaser*[1]*"* vale tentar adivinhar o que ainda vem à frente, após esses 100 dias...

Hoje, já são 40 novas ideias em títulos de próximos livros a escrever!

Processos, negócios, objetivos, estratégia, decisão, qualidade, pessoas, liderança, agilidade, transformação digital, gestão, carreira, consultorias, mentorias...

Tudo para um melhor mundo de negócios!

---

[1]https://pt.wikipedia.org/wiki/Pr%C3%A9via_(m%C3%ADdia)

O QUE FICOU POR SER DITO?

"Eu penso em você e estou trabalhando em um sonho. Eu estou trabalhando em um sonho e sei que vai ser nosso um dia. No nascer do Sol, subo a escada. Um novo dia clareia e eu estou trabalhando em um sonho. Eu estou trabalhando em um sonho."
-- Bruce Springsteen, "Working on a dream"

Da série Gestão Na Prática

A cada exemplar, menos importa a ordem de escrita ou de leitura: a publicação de um novo livro complementa e avança uma mesma série, que traz, sempre em comum, o aprendizado da **gestão na prática**.

É uma proposta de melhoria contínua, de riscos e oportunidades, de estratégia e de avaliação do desempenho: tanto para o autor, como para o leitor.

A gente começa a partir de qualquer volume ou tema de interesse e, aos poucos, vai compondo nosso próprio **percurso**: incorporando as lições aprendidas e evoluindo para novos desafios.

Hoje, são 3 títulos:

• "**Gestão Por Processos Na Prática**: por onde começar sua cultura de processos de negócio"–**livro 1** da série Gestão Na Prática.

• "**Gestão de Negócios**: MBA Na Prática; como organizar sua pequena e média empresa em 100 dias"–**livro 2** da série Gestão Na Prática.

• **"Uma Gestão Por Objetivos**: OKRs e KPIs Na Prática; controle e acelere os avanços de seu negócio"–**livro 3** da série Gestão Na Prática.

Todos os livros têm suas comercializações concentradas (não exclusivas) na **Amazon**: em formatos de eBook Kindle e versão impressa. Tenho, ainda, ampliado divulgações em formato de áudio (**audiolivros**) e em traduções para outros **idiomas**. E, para cada livro, planejo um respectivo curso em **escola de negócios** (ensino à distância e presencial).

Essa série representa publicações independentes, sem o envolvimento de uma editora estabelecida: do termo *"indie author"* (*"independent author"*). Assim, todos os custos, diretos ou indiretos, são sustentados pelo próprio autor.

Não se trata da incapacidade de encontrar alguma editora, que se interesse e faça investimentos; vale mais como uma escolha pela **liberdade** editorial: publico, integralmente, a minha verdade.

Partindo, então, do princípio de uma redação com estilo próprio e respeitosa aderência gramatical, o maior problema dos livros autopublicados reside no fato de que esses livros são mais raros de obter reconhecimento e são mais difíceis de se achar.

Por isso, **seu comentário faz toda a diferença**: se puder, retorne, sim, sua avaliação e suas impressões, em livre divulgação por redes sociais e plataformas de leitura (principalmente, na Amazon).

Essa é uma **grande revolução** a valorizar!

Sobre o autor

É estranho encerrar um livro sem ter, minimamente, me apresentado: segue, assim, um breve mini currículo, de maneira respeitosa e rápida...

Sou gestor de negócios em saúde e CEO do Fonte Medicina Diagnóstica, com MBA em Gerenciamento de Projetos e Engenharia Química como formação acadêmica. Acumulo experiência de gestão como líder técnico, arquiteto de soluções e consultor de processos. Possuo 10 certificações de licenças profissionais, nacionais e internacionais, em governança corporativa, desenvolvimento de negócios, gerência geral e tecnologia. Mantenho uma atuação pelo alinhamento estratégico, formação de times de alto desempenho e foco em qualidade. No dia a dia, sou um agente da mudança organizacional, com habilidades de negociação com diversas partes interessadas, em prévias vivências na área industrial e no desenvolvimento de softwares, agregadas à atual direção das operações. Com meus livros, busco, também, agregar valor à marca da empresa como autor.

Nosso "**ponto de encontro**", para compartilhar *"tudo do que existe fisicamente, a totalidade do espaço e tempo e todas as formas de matéria, incluindo todos os planetas, estrelas, galáxias e os componentes do espaço intergaláctico"* de autor, instrutor e consultor é no LinkedIn[1]: tudo aponta para lá e todas informações úteis seguem por lá!

Será um prazer receber seu pedido de conexão, em meu perfil profissional (https://www.linkedin.com/in/cpbiz/) ou no perfil da empresa CPBiz Escola de Negócios[2].

Reforço, ainda, minha plena disponibilidade para contatos diretos: me mande um e-mail para claudiopires@claudiopires.com.

Tendo chegado até aqui, só tenho a agradecer todo seu tempo e atenção e desejar uma ótima prática!

De maneira sincera e cordial, sigo à disposição e registro meu **muito obrigado**!

Ideia Central: a gente se encontra! ;-)

---

[1]https://www.linkedin.com/in/cpbiz/
[2]https://www.linkedin.com/company/cpbiz-escola-de-neg%C3%B3cios/

www.ingramcontent.com/pod-product-compliance
Lightning Source LLC
Chambersburg PA
CBHW070335240526
45466CB00027B/1102